Inhalt

I. Sich fit fühlen 5

II. Wie fit, wie gesund sind wir? 7

III. Allgemeine Gesetzmäßigkeiten des Trainings

    1. Qualitätsgesetz (Physiologisches Gesetz) 11
       Prinzip der richtigen Belastungszusammensetzung

    2. Homöostase, Superkompensation 12
       Prinzip der optimalen Relation von Belastung und Erholung

    3. Reizschwellengesetz 14
       Prinzip des trainingswirksamen Reizes

    4. Trainierbarkeit und Leistungsfähigkeit 14

IV. Ausdauer

    1. Lohnt sich Ausdauertraining? 16

    2. Energiebereitstellung in der Muskelzelle und Funktion des Herzkreislaufsystems

       2.1 Leistungsbestimmende Faktoren (Übersicht) 17
       2.2 Wie wird in den Muskelzellen Energie gewonnen? 18
       2.3 Belastungsintensität und Zusammenwirken der
           Energiegewinnungswege 20
       2.4 Anpassungen des Stoffwechsels und des
           Herz-Kreislaufsystems, Trainingswirkungen 22

    3. Welche Ausdauerfähigkeiten sind für Gesundheit und Fitness wichtig?
       3.1 Allgemeine aerobe Ausdauer 23
       3.2 Grundlagenausdauer 25
       3.3 Allgemeine anaerobe Ausdauer und
           spezifische Ausdauerfähigkeiten 25

    4. Ausdauertraining
       4.1 Ziele und Voraussetzungen 26
       4.2 Trainingsmethoden
           Dauermethoden 27
           Intervallmethoden 28
       4.3 Steuerung der Belastungsintensität
           Herzfrequenz 29
           Atmung 31
           Weitere Möglichkeiten der Intensitätssteuerung 31
       4.4 Trainingshäufigkeit und Belastungsdauer,
           Trainingsprogramme 32
       4.5 Trainingsmittel (Sportarten) 33

    5. Überprüfung der Ausdauer und des Ausdauertrainings 34

    6. Tipps zum Ausdauertraining 36

Inhalt

V. Kraft

1. Wozu Krafttraining?
1.1 Vermeidung von degenerativen Erkrankungen des Bewegungsapparates 38
1.2 Verringerung der Verletzungsgefahr 38
1.3 Kraft als Grundlage sportlicher Leistungen und Fitness 38
1.4 „Gute Figur", Bodybuilding 39

2. Aufbau und Funktion eines Skelettmuskels
2.1 Aufbau der Skelettmuskulatur und Gleittheorie der Muskelkontraktion 39
2.2 Beugen und Strecken, intermuskuläre Koordination 40
2.3 Motorische Einheit, intramuskuläre Koordination 40
2.4 Arbeitsweise der Muskulatur 41
2.5 Muskelfasertypen 42

3. Welche Kraftfähigkeiten sind für Gesundheit und Fitness wichtig?
3.1 Maximalkraft 44
3.2 Schnellkraft 45
3.3 Kraftausdauer 45

4. Krafttraining
4.1 Ziele und Voraussetzungen 46
4.2 Trainingsmethoden 48
   Muskelaufbautraining 48
   Kraftausdauertraining 50

5. Trainingsplanung und Tipps zum Krafttraining 52

VI. Bewegung, Gesundheit, Körpergewicht

1. Wie viel Bewegung ist für die Gesundheit erforderlich? 53

2. Bewegung und Körpergewicht 56

3. Bewegung und Fettabbau 58

Literatur 60

Register 61

I. Sich fit fühlen

Menschen, die ihre Freizeit zur aktiven Erholung nutzen, bewegen sich gerne in der freien Natur. Sie machen z.B. eine Bergtour, fahren Mountainbike, sind mit Inlinern unterwegs oder spielen am Strand Volleyball. Wenn ihnen dabei nicht alles so gelingt wie sie es gerne möchten, hört man häufig Formulierungen wie „Ich bin nicht fit" oder „Heute bin ich nicht gut drauf". Dass die eigene Leistung nicht den Erwartungen entspricht, kann verschiedene Ursachen haben: Man ist vielleicht zu müde, man kann sich nicht konzentrieren, man ist verletzt oder man kann mit den anderen einfach nicht „mithalten". Die eingeschränkte Leistungsfähigkeit, das „Nicht-Fit-Sein", wird dabei häufig auch als Einschränkung der Lebensqualität empfunden.

Die Frage nach dem „Fit-Sein" stellt sich vor allem in Situationen, in denen wir eine Leistung erbringen möchten. Leistungen werden oft als geistige oder körperliche Leistungen klassifiziert. Viele Untersuchungen zeigen aber, dass geistige, physische und motorische Prozesse miteinander verknüpft sind. Leistungen im Sport werden deshalb nicht nur von rein körperlichen Faktoren bestimmt sondern alle Faktoren, die auf einen Menschen einwirken können, beeinflussen auch die sportliche Leistung. In Abbildung 1 sind die verschiedenen Bereiche, die eine sportliche Leistung bestimmen, zusammengestellt.

Abb. 1: Sportliche Leistung und leistungsbestimmende Bereiche.

Stellen Sie auf Grund Ihrer eigenen Erfahrung für jeden Bereich Beispiele zusammen, die deutlich machen, wie die sportliche Leistung jeweils beeinflusst werden kann.

Die Pfeile zeigen, wie sich die einzelnen Bereiche gegenseitig beeinflussen. So ist z.B. der Bereich der Technik sehr eng mit den physischen Leistungsfaktoren verknüpft: Kraft, Schnelligkeit, Ausdauer, Beweglichkeit und Koordination sind einerseits wichtige Voraussetzungen für Bewegungsfertigkeiten, andererseits bestimmen Bewegungsfertigkeiten (spezifische koordinative Fertigkeiten) aber auch die Ausprägung der physischen Leistungsfaktoren (siehe Kapitel Kraft).

Die **physischen Leistungsfaktoren** Kraft, Schnelligkeit, Ausdauer, Beweglichkeit und Koordination sind die **Basis für jede sportliche Leistung**. Wer keine Kraft hat, wer nicht schnell genug ist, wer schnell ermüdet, wer unbeweglich ist und wer sich nicht koordiniert bewegt, kann nur sehr eingeschränkt eine sportliche Leistung erbringen.

Sich fit fühlen

Nennen Sie Beispiele für sportliche Leistungen, die in starkem Maße von allen fünf physischen Leistungsfaktoren bestimmt werden.

> Eine allgemeine Fitness, d.h. in den unterschiedlichsten Situationen **fit zu sein**, ist nur auf der Basis von gut ausgebildeten physischen Leistungsfaktoren möglich.

Für Leistungen in einzelnen Sportarten und Disziplinen haben die physischen Leistungsfaktoren eine unterschiedliche Bedeutung. Nur in wenigen Fällen sind sie alleine, in Reinform, leistungsbestimmend. In der Regel wirken sie zusammen. Ein typisches Beispiel ist das Zusammenwirken von Kraft und Ausdauer bei länger dauernden Kraftleistungen wie z.B. beim Treppensteigen auf einen Turm; diese „Mischform" aus zwei verschiedenen Leistungsfaktoren wird als Kraftausdauer bezeichnet.

Aus Gründen der Übersichtlichkeit und Praktikabilität werden in der Trainingslehre die physischen Leistungsfaktoren dennoch gegeneinander abgegrenzt. Die Mischformen werden dem jeweils dominierenden physischen Leistungsfaktor zugeordnet und als Fähigkeit des betreffenden Leistungsfaktors bezeichnet, so ist z.B. Kraftausdauer eine Kraftfähigkeit.

Kennen Sie noch mehr Disziplinen bei denen hauptsächlich nur ein physischer Leistungsfaktor leistungsbestimmend ist?

Kraft	Schnelligkeit	Ausdauer	Beweglichkeit	Koordination
Gewichtheben	100-m-Sprint	Langstreckenlauf	Gymnastik	Wasserspringen
hpts. Kraft leistungsbestimmend	hpts. Schnelligkeit leistungsbestimmend	hpts. Ausdauer leistungsbestimmend	hpts. Beweglichkeit leistungsbestimmend	hpts. Koordination leistungsbestimmend

Abb. 2: Beispiele für die physischen Leistungsfaktoren

Kraft	Jede Bewegung erfordert Kraft; Muskelkraft ist die Voraussetzung für die Realisierung jeder sportlichen Leistung.
Schnelligkeit	Schnelligkeit ist eine Fähigkeit des Nerv-Muskel-Systems, motorische Aktionen in möglichst kurzer Zeit durchzuführen.
Ausdauer	Im Sport versteht man unter Ausdauer die physische und psychische Widerstandsfähigkeit gegen Ermüdung bei relativ lang dauernden Belastungen (Belastungswiederholungen) und die rasche Erholungsfähigkeit nach der Belastung.
Beweglichkeit	Beweglichkeit ist die Fähigkeit, Bewegungen mit großer Schwingungsweite ausführen zu können.
Koordination	Durch das Zentralnervensystem wird die Skelettmuskulatur so gesteuert, dass Bewegungen sicher und ökonomisch ausgeführt und neue Bewegungen in kurzer Zeit erlernt werden können.

Tab. 1: Charakterisierung der physischen Leistungsfaktoren.

In Tabelle 1 sind die physischen Leistungsfaktoren charakterisiert, sie können sehr unterschiedlich ausgeprägt sein. Um gezielte Trainingsmaßnahmen ergreifen zu können, unterteilt man die physischen Leistungsfaktoren in einzelne Fähigkeiten. Zu den physischen Leistungsfaktoren Kraft und Ausdauer sind im Kapitel Kraft bzw. Ausdauer genauere Information über verschiedene Kraft- bzw. Ausdauerfähigkeiten enthalten.

II. Wie fit, wie gesund sind wir?

Sportliche Leistungen können mit Hilfe von Messwerten und/oder durch direkten Vergleich bewertet werden. Es gibt eine ganze Reihe von Fitnesstests, die mit Hilfe unterschiedlicher Übungen versuchen, die allgemeine Fitness abzuschätzen[1]. Zur Abschätzung eines einzelnen physischen Leistungsfaktors werden spezifische Testverfahren angewendet: z.B. Messung der Maximalkraft an einem Kraftmessgerät, Test der aeroben Ausdauer durch den Coopertest (siehe Ausdauer).

Sportliche Leistungsfähigkeit und Fitness entstehen aber nicht von selbst. Jedes biologische System benötigt entsprechende **Belastungsreize**, damit es seine **Leistungsfähigkeit erhalten** und **verbessern** kann (siehe Allgemeine Gesetzmäßigkeiten). Am deutlichsten können wir diesen Zusammenhang erkennen, wenn aufgrund einer Verletzung keine Belastung möglich ist. Ein Bein, das sechs Wochen in Gips war, zeigt nicht nur starken Muskelschwund, sondern auch die Beweglichkeit ist eingeschränkt; sogar die Stabilität der Knochen ist reduziert. Durch entsprechende Übungen (Belastungsreize) über einen Zeitraum von mehreren Wochen kann jedoch die volle Funktionsfähigkeit wiederhergestellt werden.

> Die **Fähigkeit zur Anpassung an die Belastungsanforderungen der Umwelt**, sowohl in positiver als auch negativer Richtung, ist eine Grundeigenschaft aller Lebewesen. Fehlende Belastungsreize führen zu einer Verschlechterung, richtig dosierte Belastungsreize zu einer Verbesserung der Funktionsfähigkeit der Organsysteme.

Die Organsysteme unseres Körpers haben sich über viele Millionen Jahre an die Anforderungen beim Klettern, Laufen, Springen, Greifen, Werfen, Tragen usw. angepasst; unser Körper besteht bis zu 40 % aus Muskeln, das Gehirn entfaltet bei Ganzkörperbewegungen seine größte Aktivität und auch die Kapazität der anderen inneren Organe ist für ein reibungsloses Funktionieren des Muskelapparates ausgelegt. Bewegungsmangel führt deshalb unweigerlich zu einer Verschlechterung der Funktionsfähigkeit unseres gesamten Organsystems. In Industrieländern sind Erkrankungen des Herz-Kreislauf-Systems inzwischen die häufigste Todesursache. Vergleicht man Entwicklungsländer und Industrieländer, dann wird deutlich, dass die unterschiedliche Häufigkeit einzelner Todesursachen vor allem auf die jeweiligen Lebensbedingungen zurückzuführen ist.

Todesursachen	Entwicklungsländer	Industrieländer
Infektionskrankheiten	39 %	4 %
Krebserkrankungen	4 %	18 %
Herz-Kreislauf-Erkrankungen	4 %	56 %

Tab. 2: Vergleich von Todesursachen in Entwicklungsländern und Industrieländern.

Informieren Sie sich in der Literatur oder im Internet über Herz-Kreislauf-Erkrankungen.

Die großen Unterschiede bei Infektionskrankheiten lassen sich leicht durch bessere hygienische Verhältnisse und Schutzimpfungen in den Industrieländern erklären. Gegen Herz-Kreislauf-Erkrankungen kann man sich jedoch nur durch Bewegung schützen. In den Industrienationen haben sich die Lebensbedingungen im letzten Jahrhundert und besonders in den letzten Jahrzehnten stark verändert. Während sich z.B. in den Entwicklungsländern die meisten Menschen zur Sicherung ihrer Lebensbedürfnisse regelmäßig bewegen müssen, wird das

---

[1] Fitnesstests für alle physischen Leistungsfaktoren finden sich z.B. in Bös 2004, 58 ff.

Wie fit, wie gesund sind wir?

Leben in den Industrieländern zunehmend durch Bewegungsenthaltsamkeit geprägt. In Tabelle 3 sind die Zeiten der Bewegungsenthaltsamkeit, wie sie heute für viele Schüler typisch sind, zusammengestellt.

Beschäftigung	Uhrzeit	Stunden ohne Bewegung
Schule	8 bis 13 Uhr	5
Hausaufgaben	14 bis 16 (17) Uhr	2 - 3
Fernsehen, Computer	17 bis 20 (22) Uhr	3 - 5
Stunden pro Tag ohne Bewegung (Schlafzeit ausgenommen)		**10 - 13**
In 10 Schuljahren: ca. 12.000 Std. Schule + ca. 16.000 Std. Bildschirm		

Tab. 3: Stunden ohne Bewegung

Wie viele Stunden sitzen Sie im Durchschnitt pro Tag?

Wird diese tägliche körperliche Inaktivität nicht durch mindestens eine Stunde „ordentliche" Bewegung unterbrochen, – wobei sich kürzere Bewegungszeiten in ihrer Wirkung addieren können – dann hat dieser Bewegungsmangel Folgen für unser ganzes Organsystem. Die Funktionsfähigkeit unseres Herz-Kreislauf-Systems, unserer Muskeln und unseres Stoffwechsels nimmt ab. In Tabelle 4 sind die Häufigkeiten einiger Bewegungsmangelerscheinungen zusammengestellt.

Bewegungsmangel-erscheinung	Hollmann (8 – 18 Jahre)	Weineck (8 – 18 Jahre)	Rössner (12 Jahre)
Leistungsschwaches Herz-Kreislauf-System	20 – 25 %	25 %	40 %
Haltungsschwächen, Haltungsfehler	50 – 65 %	85 %	50 %
Übergewicht	30 %	23 %	20 %

Tab. 4: Bewegungsmangelerscheinungen nach verschiedenen Autoren.

Wie schnell sich Umweltbedingungen und dadurch bedingt auch die Funktionsfähigkeit einzelner Muskelgruppen ändern können, wird in einer Untersuchung von Knirsch und Hudec deutlich.

Basisfähigkeit (Kinder, 6 Jahre)	1980	1990
Mindestens einen Klimmzug schafften	80 %	40 %
Mindestes einmal Beine bis zur Waagrechten heben (Langhang an der Sprossenwand)	75 %	26 %

Tab. 5: Vergleich von Basisfähigkeiten im Abstand von 10 Jahren

Wie fit, wie gesund sind wir?

Wie positiv auf der anderen Seite der Einfluss von Bewegung auf den Funktionszustand unseres Körpers, auf unsere Gesundheit und letzen Endes auf unser Wohlbefinden und unsere Lebensqualität sein kann, ist am Beispiel des Rückenschmerzes in Abbildung 3 und in Tabelle 6 und 7 am Beispiel eines mehr Ausdauer orientierten bzw. eines mehr Kraft orientierten Fitnesstrainings dargestellt.

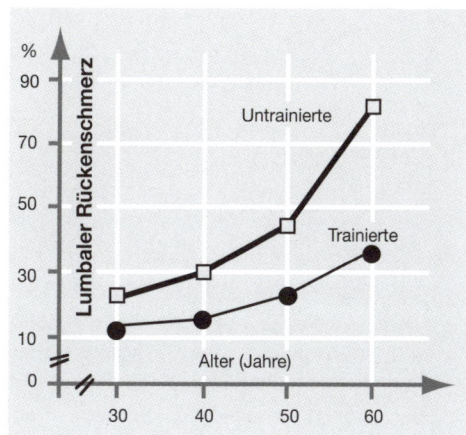

Abb.3: Häufigkeit von Rückenschmerzen in Abhängigkeit von Lebensalter und Bewegung. (verändert nach Weineck 1996, 217)

Wie viele Ihrer Mitschülerinnen und Mitschüler und wie viele Ihrer Lehrerinnen und Lehrer haben oder hatten Kreuzschmerzen?

	Wirkungen eines regelmäßigen Ausdauertrainings
Herz	- Vergrößerung des Herzmuskels - Größeres Schlagvolumen - Absinken von Ruhepuls und Belastungspuls - Bessere Durchblutung des Herzmuskels - Geringere Belastung des Herzens bei gleicher Leistung
Gefäßsystem/Blut	- Größere Blutmenge und höherer Hämoglobingehalt - Bessere Versorgung der Organe und der Muskulatur mit Sauerstoff und Nährstoffen - Günstigere Blutfettwerte, geringeres Risiko für Arteriosklerose - Bessere Fließeigenschaften und geringere Thromboseneigung
Muskulatur (Energiestoffwechsel)	- Bessere Durchblutung - Bessere Sauerstoffaufnahme und Verarbeitung
Leistung	- Bessere Ausdauerleistungsfähigkeit - Bessere Leistungsfähigkeit in Beruf, Alltag und Freizeit (Lebensqualität)
Regeneration	- Schnellere Erholung nach Belastung (physisch und psychisch)
Risikofaktoren	- Vorbeugung gegen Herz-Kreislauf-Erkrankungen - Abschwächung von Risikofaktoren: z.B. Bluthochdruck, Übergewicht, Zuckerkrankheit, erhöhte Blutfettwerte
Immunsystem	- Stärkung des Immunsystems - Vorbeugende Wirkung gegen Tumorerkrankungen
Körperform	- Reduktion des Körpergewichts bei Übergewicht - Betonung der Körperformen durch Abbau der Fettpolster
Psyche	- Besseres Wohlbefinden, weniger ängstlich, weniger depressiv - Abbau von Stress, geringere Wirkung von Stress - Entwicklung von Körperwahrnehmung und Körperbewusstsein - Größere Selbstsicherheit und stärkeres Selbstbewusstsein

Tab. 6

Wirkungen eines regelmäßigen Krafttrainings

Muskulatur	- Kraftzunahme in den trainierten Muskeln, größerer Querschnitt und/oder bessere Koordination - Verringerung der Kraftabnahme in höherem Lebensalter
Stütz- und Bewegungsapparat	- Höhere Festigkeit und Belastbarkeit von Sehnen, Bändern und Knochen und dadurch geringeres Risiko für Verletzungen und Verschleiß - Verbesserung des muskulären Gleichgewichts und dadurch Vermeidung von Haltungsfehlern und Haltungsschäden (Rückenbeschwerden) - Vorbeugung gegen Verletzungen bei hohen Belastungen - Verringerung der Osteoporose in höherem Lebensalter
Leistung	- Bessere Kraftfähigkeiten sind eine wichtige Grundlage für fast alle Sportarten - Ausgleich bei Sportarten mit einseitigen Belastungen
Regeneration Rehabilitation	- Schnellere Wiederherstellung der Funktionsfähigkeit nach Verletzungen (Bänderriss, Knochenbruch usw.) - Verringerung von Beschwerden am Bewegungsapparat (Rückenschmerzen, Gelenkbeschwerden)
Körperform	- Vergrößerung des Muskelquerschnitts - Ausprägung der Muskelstruktur und Gewebestraffung (Bodyshaping) - Betonung der Körperformen durch Abbau der Fettpolster (Bodyshaping) - Steuerung des Körpergewichts (Zu- oder Abnahme möglich)
Psyche	- Besseres Wohlbefinden - Entwicklung von Körperwahrnehmung und Körperbewusstsein - Größere Selbstsicherheit und stärkeres Selbstbewusstsein

Tab. 7

Die in Tabelle 6 und 7 aufgelisteten spezifischen Anpassungserscheinungen können aber nur erreicht werden, wenn beim Training die allgemeinen Gesetzmäßigkeiten, die diesen Anpassungsprozessen zu Grunde liegen, beachtet werden. Im Folgenden sind einige wichtige Gesetzmäßigkeiten und daraus abgeleitetete Trainingsprinzipien dargestellt.

III. Allgemeine Gesetzmäßigkeiten des Trainings (Trainingsprinzipien)

1. Qualitätsgesetz (Physiologisches Gesetz)
(Prinzip der richtigen Belastungszusammensetzung)

> Spezifische Reize bewirken spezifische Anpassungsreaktionen.

Die Anpassung an eine bestimmte Belastung hat nur dann einen Sinn, wenn der Körper durch die Anpassungsreaktionen in die Lage versetzt wird, bei der nächsten Belastung den spezifischen Anforderungen besser gewachsen zu sein. So werden z.B. durch Reckturnen Schwielen an den Handflächen gebildet, durch kurze und intensive Belastungsformen wird die Kraft gesteigert und durch lange und weniger intensive Belastungen wird die Ausdauer verbessert. Die Art des Reizes bestimmt somit eindeutig die Form der Anpassung. Die Spezifität eines Trainingsreizes wird durch vier Belastungskomponenten bestimmt.

Belastungsgefüge und Belastungskomponenten

- **Intensität:** Sie kennzeichnet die Belastungsanforderung (Anstrengungsgrad) in Bezug auf die maximale Leistungsfähigkeit. Sie wird deshalb oft in % der Maximalleistung angegeben. Bei einem Krafttraining liegt die Reizschwelle für einen Untrainierten bei etwa 30 % der Maximalkraft, für einen Trainierten bei etwa 70 %. Der Unterschied beruht darauf, dass im Hochleistungsbereich ein großer Teil der Anpassungsprozesse allein für die Erhaltung des Leistungsniveaus notwendig ist.
  Oft werden für die Festlegung der Intensität auch absolute Größen wie Geschwindigkeit (Zeit), Herzfrequenz, Laktatwert, Gewicht oder Sprunghöhe angegeben.

- **Dichte (Pause):** Bei nicht kontinuierlichen Belastungsreizen wie z.B. bei einem Circuittraining, ist die Pause zwischen den einzelnen Belastungen von entscheidender Bedeutung für die Belastungsdosierung. Eine höhere Reizdichte (kürzere Pausen) bewirkt bei gleicher Intensität und Dauer der Einzelbelastungen eine Erhöhung der Belastungsdosierung, da die Erholungszeit geringer ist.

- **Dauer:** In der Trainingspraxis bezieht sich die Reizdauer entweder auf die Einwirkungszeit eines Einzelreizes (Zeitdauer, Strecke) oder auf eine Reizserie (Anzahl der Wiederholungen).

- **Umfang:** Hiermit wird die Summe aller Einzelreize einer Trainingseinheit wie z.B. Summe der Wiederholungen in den Serien, zurückgelegte Gesamtstrecke, Summe der bewegten Gewichte oder Gesamtübungszeit angegeben.

Wie wir beim Ausdauertraining und beim Krafttraining sehen werden, ist die Intensität die entscheidende Größe für die spezifische Wirkung eines Trainingsreizes. Die anderen Belastungskomponenten müssen dann auf die vorgegebene Intensität abgestimmt werden. Diese spezifische Zusammensetzung des Belastungsgefüges nennt man auch das **Prinzip der richtigen Belastungszusammensetzung** (siehe auch Reizschwellengsetz Seite 14).

Allgemeine Gesetzmäßigkeiten des Trainings

2. Homöostase, Modell der Superkompensation
(Prinzip der optimalen Relation von Belastung und Erholung)

> Zwischen Belastungsanforderungen und dem Leistungsniveau des Körpers besteht ein dynamisches Gleichgewicht (Hömöostase). Durch Belastungsreize ausgelöste Anpassungsprozesse verbessern das Leistungsniveau über das Ausgangsniveau hinaus (Superkompensation).

Wird die Homöostase durch einen Reiz gestört, so versucht der Körper, ein der veränderten Situation entsprechendes Gleichgewicht herzustellen (siehe Abb. 4). Die nach der Ermüdung einsetzenden Wiederherstellungs- und Anpassungsprozesse zielen darauf ab, die Funktion der belasteten Teilsysteme so zu verbessern, dass sie einer gleichartigen Belastung in Zukunft besser gewachsen sind (geringere Ermüdung). Dies wird erreicht, indem nach der Wiederherstellung eine Anpassung über das Ausgangsniveau hinaus stattfindet (Superkompensation).

Anpassungsprozesse in der Superkompensationsphase sind die Grundlage für Funktions- und Leistungssteigerungen.

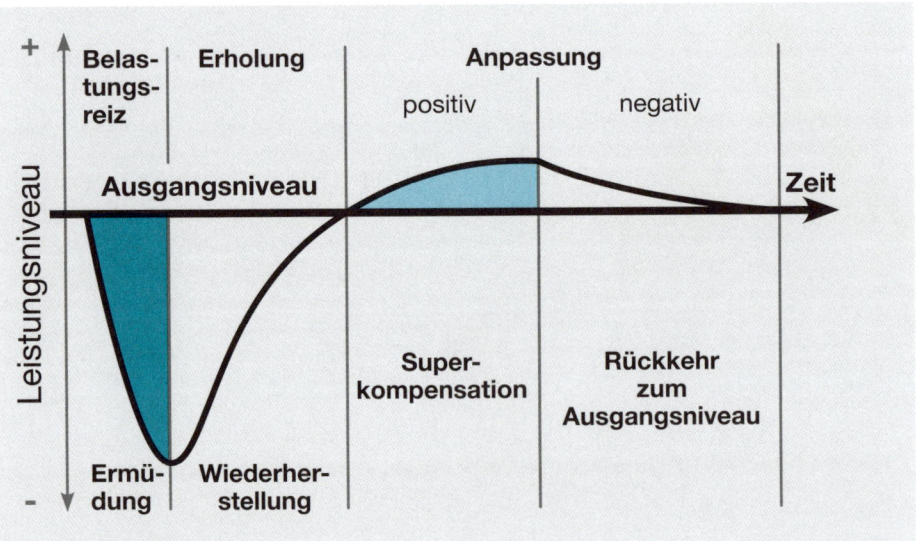

Abb. 4: Modell des Verlaufs von Belastungs- und Anpassungsreaktionen.

Ist die Pause bis zum nächsten Belastungsreiz zu lang, bildet sich aufgrund der Homöostase das Leistungsniveau wieder zurück: negative Anpassung. Ohne Reckturnen oder vergleichbare Belastungsreize für die Handflächen bilden sich die Schwielen wieder zurück. Bei einem eingegipsten Bein beginnt schon nach wenigen Stunden der Kraftverlust. Die Geschwindigkeit von Wiederherstellung und Superkompensation ist abhängig vom Trainingszustand (Leistungsniveau), der Belastungsart und der Lebensweise. Bei mittelmäßigem Trainingszustand werden für das Erreichen der höchsten Superkompensation nach dem Ende der Belastung etwa folgende Zeiten benötigt:

- Krafttraining etwa 72 Stunden   (ca. 3 Tage)
- Ausdauertraining etwa 36 Stunden   (ca. 1,5 Tage)

Untrainierte brauchen länger, bei Hochleistungssportlern können sich diese Zeiten teilweise halbieren. Durch verschiedene Maßnahmen wie z.B. spezielle Ernährung, ausreichenden Schlaf, aktive Erholung (dynamische Muskelarbeit, Auslaufen), Massage können Erholung und Superkompensation beschleunigt werden.

Allgemeine Gesetzmäßigkeiten des Trainings

Das Absinken des Leistungsniveaus nach Erreichen der Superkompensation ist ebenfalls von verschiedenen Faktoren abhängig:
Bei sehr hoher oder schnell aufgebauter Leistungsfähigkeit verringert sich das Leistungsniveau ohne Training wieder rasch. Vor der Pubertät sinkt ein einmal erreichtes Leistungsniveau ohne Training nur sehr langsam, nach der Pubertät jedoch ist die Superkompensation ohne weiteres Training schon nach wenigen Tagen wieder verschwunden. Die Zeit für das Absinken auf das Ausgangsniveau entspricht etwa der Zeit, die zum Erreichen der Superkompensation benötigt wird.

In Abbildung 5 sind die möglichen Veränderungen des Leistungsniveaus in Abhängigkeit von den Pausen zwischen den Trainingseinheiten zusammengefasst. Bei **einer optimalen Relation von Belastung und Erholung** kommt es zu einer effektiven Verbesserung des Leistungsniveaus. Wird dieses Trainingsprinzip nicht beachtet, dann bleibt das Training wirkungslos.
Da im Gesundheitssport kein maximaler Leistungszuwachs im Vordergrund steht, kann man hier als groben Richtwert eine Belastungspause von 48 Stunden einhalten.

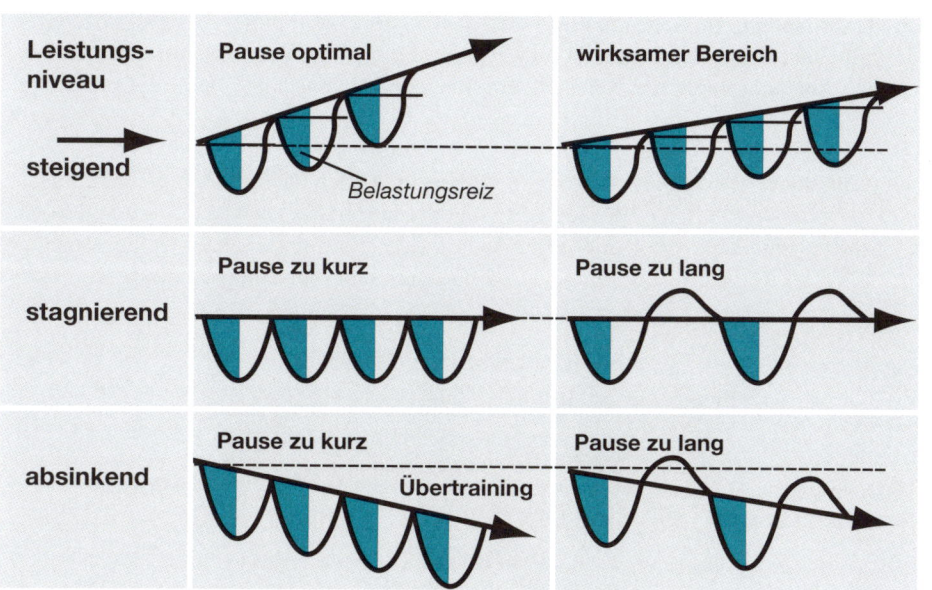

Abb. 5: Entwicklung des Leistungsniveaus in Abhängigkeit von der Pausenlänge.

In Kapitel „Wie fit, wie gesund sind wir?" haben wir gesehen, dass die Funktionsfähigkeit unserer Organsysteme nur bei ausreichender Bewegung erhalten oder verbessert werden kann. Aus dem Verlauf der Leistungsniveauentwicklung in Abhängigkeit von der Pausenlänge wird deutlich, dass bei umweltbedingt fehlenden Bewegungsreizen nur durch **regelmäßiges Bewegungstraining** eine Gesunderhaltung und Optimierung des Bewegungsapparates und der Organfunktion möglich ist.

Schulsport bringts ja überhaupt nicht!

In der 9. Klasse war ich schneller als jetzt.

Wie müsste die Stundentafel für den Sportunterricht aussehen, damit man alleine durch Schulsport sein Leistungsniveau verbessern könnte?

Wie sind in diesem Zusammenhang „Hausaufgaben" zu verstehen?

Warum spricht man heute in diesem Zusammenhang auch von einer sozialen Verantwortung, die jeder Einzelne von uns hat?

Allgemeine Gesetzmäßigkeiten des Trainings

3. Reizschwellengesetz
(Prinzip des trainingswirksamen Reizes)

> Anpassungsreaktionen werden nur dann ausgelöst, wenn eine kritische Reizschwelle überschritten wird.

Regelmäßige Belastungsreize sind nur dann wirksam, wenn die für eine Superkompensation notwendige Reizschwelle erreicht wird. Liegt die Belastung unter der Reizschwelle erfolgt keine Verbesserung des Leistungsniveaus. Für das Training der Maximalkraft liegt beim Untrainierten die Reizschwelle bei etwa 30 %, beim Hochtrainierten bei etwa 70 % des jeweiligen Leistungsvermögens.

Für eine **wirksame Belastungsdosierung müssen die Belastungskomponenten aufeinander abgestimmt sein**. Diese wichtige Regel für den Aufbau einer Trainingseinheit nennt man das **Prinzip des trainingswirksamen Reizes**. Unterschiedliche Trainingsmethoden haben jeweils ein charakteristisches Belastungsgefüge. Die Zusammensetzung eines Belastungsgefüges wird vor allem durch die Intensität und den Umfang bestimmt. Um Über- oder Unterbelastung zu vermeiden, müssen sich diese beiden Komponenten umgekehrt proportional verhalten: Bei hoher Intensität muss der Umfang gering sein, bei geringer Intensität hingegen kann die Reizschwelle nur durch einen hohen Umfang erreicht werden.

Welche Belastungskomponenten können bei einem Übertraining falsch dosiert sein?

Zu hohe Belastungsdosierungen führen entweder zur direkten Schädigung (z.B. Kreislaufkollaps, Muskelfaserriss) oder langfristig zu einem Absinken des Leistungsniveaus (Übertraining). Wir besitzen allerdings Schutzmechanismen, die in der Regel eine direkte Schädigung durch Überbelastung verhindern.

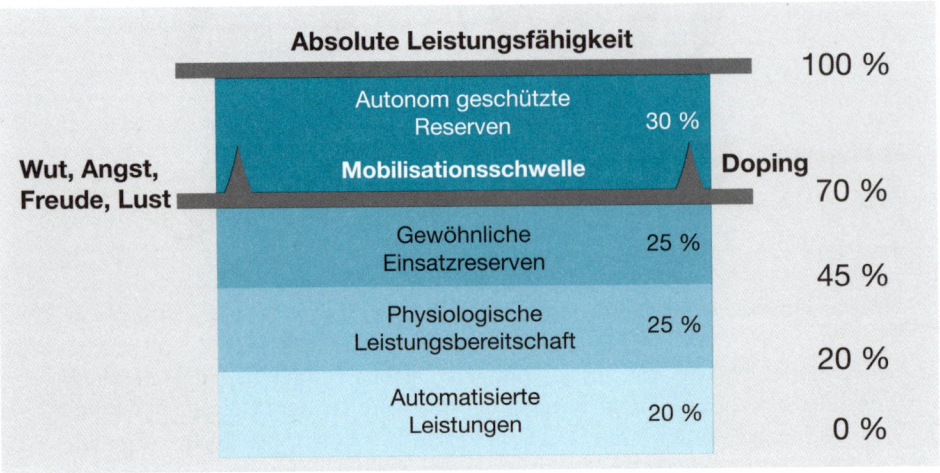

Abb. 6: Die menschliche Leistungsfähigkeit (bezogen auf Kraft und Ausdauer)

4. Trainierbarkeit und Leistungsfähigkeit

> Trainierbarkeit und Leistungsfähigkeit sind abhängig von Alter und Geschlecht.

Im Kindes- und Jugendalter sind hohe Kraftbelastungen und anaerobe Ausdauerbelastungen von hoher Intensität unphysiologisch. Da der Bewegungsapparat noch nicht voll entwickelt ist, können extreme Kraftleistungen schnell zu Verletzungen führen. Beim Ausdauertraining sollten bis zum Abschluss der Pubertät stark anaerobe Belastungen vermieden werden (siehe Ausdauertraining),

Allgemeine Gesetzmäßigkeiten des Trainings

da die Fähigkeit des Stoffwechsels, auf anaerobem Weg Energie bereit zu stellen, erst wenig entwickelt ist. Mit etwa 25 Jahren beginnt der altersbedingte Abfall des Leistungsvermögens. Hier ist es besonders wichtig, durch regelmäßige Belastung die Funktionsfähigkeit der Organsysteme zu erhalten. Die Leistungsfähigkeit nimmt zwar ständig ab, doch sind Ausdauer und Kraft bis ins hohe Alter gut trainierbar.

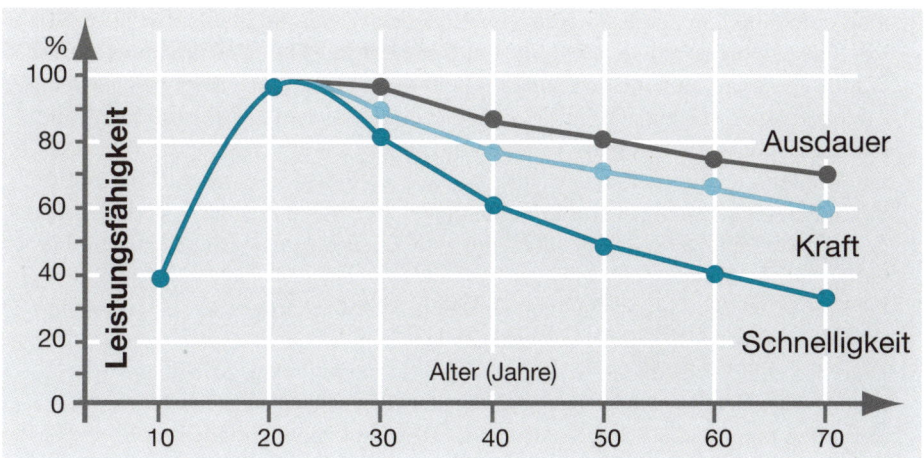

Abb. 7: Leistungsfähigkeit in Abhängigkeit vom Alter für verschiedene physische Leistungsfaktoren (verändert nach Neumann/Hottenrott 2005, 41).

Die unterschiedliche Trainierbarkeit und Leistungsfähigkeit von Mann und Frau beruht in erster Linie auf der Wirkung der Sexualhormone. Die Unterschiede werden in der Pubertät verstärkt und werden mit zunehmendem Alter wieder geringer.

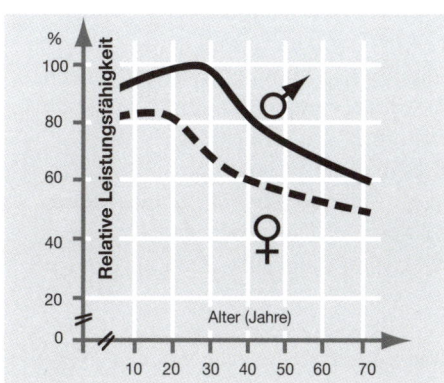 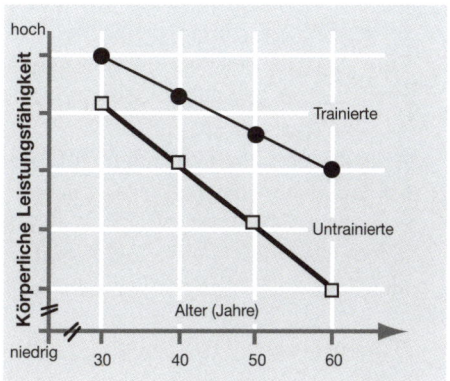

Abb. 8a: Relative Leistungsfähigkeit (VO2 max, Relativkraft) in Abhängigkeit vom Geschlecht.

Abb. 8b: Leistungsfähigkeit in Abhängigkeit vom Trainingszustand.

Beweg dich, wo du kannst!!

Mit zunehmendem Alter wird regelmäßiges Bewegungstraining immer wichtiger. Körperliches Training ist bislang die einzige wissenschaftlich gesicherte Maßnahme, den altersdingten Leistungseinbußen von Herz, Kreislauf, Atmung, Stoffwechsel, Immunabwehr, Skelettmuskulatur und Nervensystem entgegen zu wirken.

IV. Ausdauer

1. Lohnt sich Ausdauertraining?

Ausdauer als physischer Leistungsfaktor im Sport (siehe S. 6) muss in der Regel **sehr spezifisch ausgeprägt** sein, damit eine **sportliche Leistung optimiert** werden kann. So ist es z.B. bei einem 200-m-Lauf wichtig, wie lange man eine möglichst große Schrittschnelligkeit und Schrittlänge aufrecht erhalten kann, und bei einem 1000-m-Lauf oder einer 200-m-Schwimmstrecke kommt es darauf an, eine gleichmäßig hohe Geschwindigkeit über die gesamte Strecke beizubehalten. Häufig ist es aber bei sportlichen Leistungen nicht nur entscheidend, wie lange man Aktionen mit möglichst unverminderter Intensität durchführen, sondern auch wie gut man sich zwischen intensiven Belastungsphasen erholen kann. Bei einem Fußballspiel z.B. sollte man auch gegen Ende der zweiten Halbzeit noch vergleichbar schnell antreten und laufen können wie zu Beginn des Spiels.

Die Verbesserung von solchen spezifischen Ausdauerfähigkeiten erfordert ein gezieltes, langfristiges und regelmäßiges Training. Wer sich hierfür entscheidet, kann ganz unterschiedliche Beweggründe wie Anerkennung, Selbstbestätigung, Freude an der Leistung oder Note haben. Die Frage, ob sich ein solches Ausdauertraining lohnt, kann nur subjektiv und individuell beantwortet werden.

> **Im Bereich von Gesundheit und Fitness** kommt es nicht darauf an, eine sportliche Leistung zu optimieren, sondern in **verschiedenen Situationen eine gute allgemeine Leistungsfähigkeit** zu besitzen und diese auch **längere Zeit aufrecht erhalten** zu können. Auch eine gute Erholungsfähigkeit ist von hohem gesundheitlichem Wert.

Die vielen positiven Wirkungen, die ein Ausdauertraining mit der Zielsetzung Gesundheit und Fitness haben kann (siehe Tab. 6, S. 9), können die Lebensqualität entscheidend verbessern. Aber auch hier gilt, dass die positiven Wirkungen nur dann erreicht werden können, wenn die allgemeinen Gesetzmäßigkeiten und Prinzipien des Trainings beachtet werden.

Zum Ausdauertraining im Bereich Gesundheit und Fitness gibt es inzwischen eine Vielzahl populärwissenschaftlicher Veröffentlichungen, in denen konkrete Trainingsprogramme für das Erreichen bestimmter Wirkungen dargestellt sind. Aktivurlaubsangebote enthalten Fitness- und Ausdauerprogramme in den unterschiedlichsten Sportarten wie Laufen (Joggen), Schwimmen, Radfahren, Mountainbike, Skilanglauf, Nordic-Walking oder Aerobic. Dabei wird immer wieder betont, wie wichtig es ist, die Vorgaben zu Belastungsintensität, Belastungsdauer und Belastungshäufigkeit einzuhalten.

Trotz hoher Motivation für Gesundheit und Fitness stellen sich manche „Neueinsteiger" auch hier die Frage, ob sich der Aufwand lohnt und ob es wirklich so wichtig ist, die „Regeln" einzuhalten. Die Unentschlossenheit wird durch weitere Fragen verstärkt:

- Warum ist Ausdauertraining unter Fitness- und Gesundheitsaspekten sinnvoller als Krafttraining?
- Welche Ausdauerfähigkeit sollte im Vergleich zu rein sportlichen Zielsetzungen bevorzugt trainiert werden?
- Ist die Wirksamkeit von Ausdauertraining in verschiedenen Sportarten vergleichbar? Welche Trainingsformen sind sinnvoll? Welche Belastungsintensitäten sind am wirksamsten und wie kann man diese am einfachsten kontrollieren?
- Kann sich ein Training unter gesundheitlichen Aspekten auch positiv auf sportliche Leistungen auswirken?

Ausdauer

Diese Fragen lassen sich am besten mit Hilfe von Kenntnissen über die Vorgänge der Energiebereitstellung in verschiedenen Belastungssituationen beantworten. Im Folgenden werden die wesentlichen Eigenschaften der Energiebereitstellungsprozesse in der Muskelzelle und die Funktion des Herz-Kreislauf-Systems dargestellt.

2. Energiebereitstellung in der Muskelzelle und Funktion des Herz-Kreislauf-Systems

2.1 Leistungsbestimmende Faktoren (Übersicht)

Werden bei sportlichen Aktivitäten wie Laufen, Radfahren, Schwimmen oder Skilanglauf große Muskelgruppen beansprucht, dann kommt es schon in den ersten Minuten der Belastung zu starken Veränderungen der Organdurchblutung (siehe Abb. 9).

Die Durchblutung der Muskulatur kann dabei lokal bis um das 20fache erhöht werden. Nur so können die Muskelzellen über längere Zeit ausreichend Energie gewinnen. Die Energiebereitstellung wird im Wesentlichen von zwei Bereichen bestimmt:

1. Der Leistungsfähigkeit der Energiegewinnungswege in der Muskelzelle

2. Der Leistungsfähigkeit des Herz-Kreislauf-Systems einschließlich der Atmung:
   - Zufuhr der Stoffe zur Energiegewinnung (Glucose, Fettsäuren, Sauerstoff)
   - Abtransport der Endprodukte Kohlendioxid, Wasser und Milchsäure.

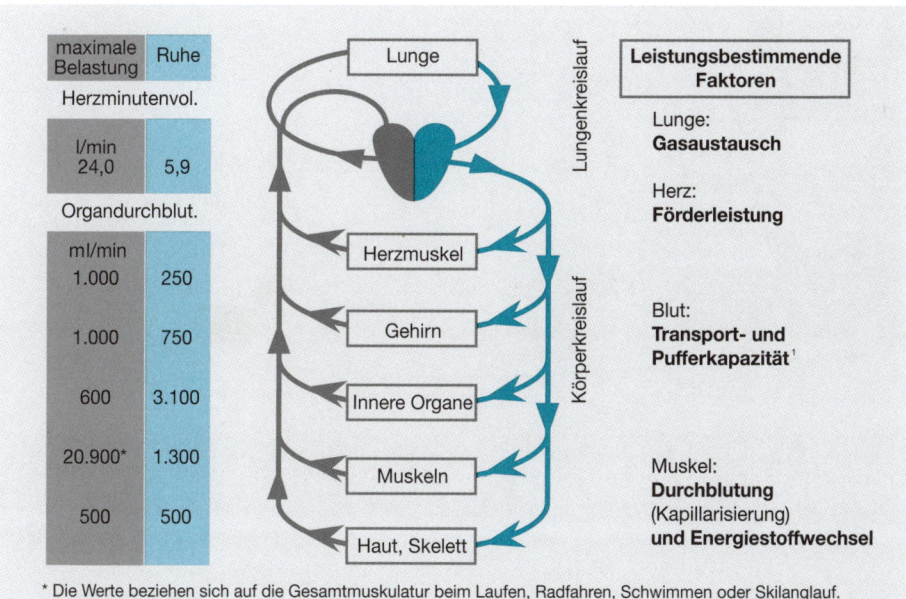

Informieren Sie sich in einem Biologiebuch über die Funktion des Herz-Kreislauf-Systems.

Abb. 9: Organdurchblutung und leistungsbestimmende Faktoren bei körperlicher Belastung. ([1]Puffersubstanzen wie z.B. Bikarbonate stabilisieren den pH-Wert)

Ausdauer

2.2. Wie wird in den Muskelzellen Energie gewonnen? Gesamtsituation

Alle Muskelzellen benötigen zur Kontraktion das energiereiche Molekül Adenosintriphosphat (ATP). ATP wird beim Kontraktionsvorgang verbraucht; es wird eine Phosphatgruppe abgespalten und es entsteht Adenosindiphosphat (ADP). Durch die Spaltung energiereicher Phosphate und durch den Abbau energiereicher Nährstoffe kann ATP aus ADP und Phosphat wieder resynthetisiert werden. Jede Muskelzelle muss ATP selbst synthetisieren. Auch alle anderen Zellen unseres Körpers gewinnen ihre Energie durch Spaltung von ATP. Da ATP auf Grund seiner Säurewirkung nicht gespeichert werden kann, hat ein Mensch von 70 kg Körpergewicht aktuell nur einen Vorrat von etwa 7 g ATP in seinem Körper. Die pro Tag benötigte ATP-Menge beträgt jedoch schon ohne besondere körperliche Betätigung ca. 70 kg ATP (Vorratsmenge x 10.000). **Die Zellen unseres Körpers müssen deshalb ATP ständig neu synthetisieren**. Wie Abbildung 10 zeigt, hat die Muskelzelle verschiedene Möglichkeiten, ATP herzustellen. **Auf welchem Weg Muskelzellen ATP gewinnen, hängt primär von der Belastungsintensität ab, d.h. vom ATP-Bedarf der Muskelzelle**. Der Grund liegt in der unterschiedlichen Geschwindigkeit, mit welcher die einzelnen Energiebereitstellungswege ATP nachbilden können.

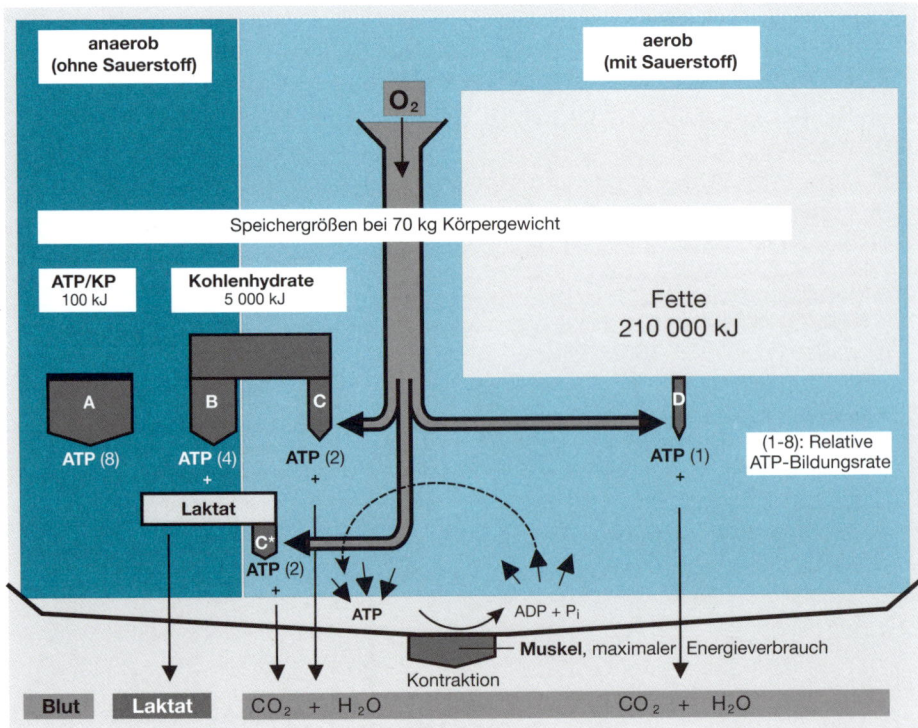

Abb. 10: Energiegewinnung in der Muskelzelle

Ausgehend von der ATP-Bildungsrate aus Fetten (D)[2] wird die Bildungsgeschwindigkeit von ATP aus Kohlenhydraten mit Sauerstoff (C) über die Bildung von ATP aus Kohlenhydraten ohne Sauerstoff (B) bis zur Bildung von ATP aus dem ATP/KP- Speicher (A) jeweils verdoppelt (unterschiedliche Pfeilstärken und Relation durch Zahlen 1 bis 8). Die ATP-Bildungsgeschwindigkeit aus energiereichen Phosphaten ist demnach 8 mal schneller als die aus Fetten (Fettsäuren).

Je nach Belastungsdauer entscheidet auch die Größe der Energiespeicher über die Art der Energiebereitstellung. Der ATP/KP-Speicher reicht bei hoher Belastungsintensität nur für wenige Sekunden. Der Kohlenhydratspeicher reicht ohne besondere körperliche Belastung etwa für einen halben Tag (Tagesbedarf:

---

[2] Die Buchstaben in Klammern nehmen Bezug auf die Pfeile in Abbildung 10.

Ausdauer

ca. 10 000 kJ) und bei Belastungsintensitäten wie sie z.B. im Marathonlauf auftreten für eine bis zwei Stunden (ca. halbe Marathonstrecke).
Der Fettspeicher ist im Normalfall eine fast unerschöpfliche Energiequelle; bei normaler körperlicher Belastung und normalem Körpergewicht reicht er etwa für drei Wochen.

Die Energiegewinnungswege lassen sich in zwei Gruppen einteilen: ATP-Bildung mit Sauerstoff (aerob), die in den Mitochondrien[3] abläuft (Prozesse C und D), und ATP-Bildung ohne Sauerstoff (anaerob), die im Zellplasma abläuft (Prozesse A und B).

Anaerob-alaktazide Energiegewinnung (A)

Jede Muskelzelle hat einen kleinen Vorrat an energiereichen Phosphaten, hpts. Kreatinphosphat (KP); durch die Spaltung dieser Phosphate kann ATP synthetisiert werden. Diese Reaktionen brauchen keinen Sauerstoff (**anaerob**) und es wird keine Milchsäure gebildet (**alaktazid**[4]). Die ATP-Nachbildung verläuft verzögerungsfrei und liefert soviel Energie wie der Muskel maximal verbrauchen kann (gleiche Stärke der Pfeile). Bei einem 100-m-Lauf z.B. ist in der Laufmuskulatur diese maximale Energiebereitstellung erforderlich, doch der ATP/KP-Speicher ist so klein, dass er schon nach ca. 7 sec vollständig aufgebraucht wäre. Aus diesem Grund wird schon kurz nach dem Start die anaerobe Energiegewinnung aus Kohlenhydraten aktiviert.

Anaerob-laktazide Energiegewinnung aus Kohlenhydraten (B)

Kohlenhydrate sind in unserem Körper im wesentlichen in zwei verschiedenen Formen vorhanden: Glucose ist sowohl im Zell- als auch im Blutplasma gelöst. Glykogen[5] wird sowohl in der Muskelzelle selbst als auch in der Leber gespeichert. Nachschub erhält die Muskelzelle durch Glucose aus dem Blut. Die Zufuhr von Glucose in das Blut geschieht regulatorisch durch die Leber (Konstanthaltung des Blutzuckerspiegels) oder unreguliert durch das Verdauungssystem. Die Muskelzelle kann primär nur Glucose zur Bildung von ATP nutzen; Glykogen muss zunächst in Glucosemoleküle zerlegt werden.

Die Muskelzelle kann aus dem Glykogenspeicher **ohne Sauerstoff** (**anaerob**) pro Zeiteinheit etwa doppelt soviel Energie gewinnen als mit Sauerstoff. Dabei wird als Endprodukt jedoch **Milchsäure** gebildet (**laktazid**). Parallel zur Milchsäurebildung kommt es zur Übersäuerung der Muskelzelle und des Blutes. Dadurch können die Enzyme immer weniger arbeiten, die ATP-Bildung kommt zum Stillstand. Man ermüdet schnell und muss die Belastung schließlich abbrechen. Die Energiegewinnung ist sehr unökonomisch, da für gleiche ATP-Mengen 19-mal mehr Glucose verbraucht wird als beim aeroben Abbau (siehe C).

Bei hohen Belastungsintensitäten wie bei einem 100-m-, 200-m- oder 400-m-Lauf wird diese Art der Energiebereitstellung schon nach wenigen Sekunden benötigt. Die Übersäuerung der Muskulatur ist in den Oberschenkeln deutlich spürbar; die Laufgeschwindigkeit sinkt deshalb ständig ab.
Der Abbau der Milchsäure im Herzmuskel, in der Leber und in der weniger belasteten Muskulatur verläuft relativ langsam. In ca. 15 Minuten wird der Laktatspiegel um jeweils die Hälfte gesenkt. Der Abbau der Milchsäure ist nur mit Hilfe von Sauerstoff über die aerobe Energiegewinnung möglich (siehe Abb. 10 Buchstabe C*). Hier wird deutlich, wie wichtig eine gut funktionierende aerobe Energiegewinnung (Grundlagenausdauer) für die Erholungsfähigkeit nach intensiven Belastungen ist (siehe S. 25).

Wenn Sie die Wirkung der Übersäuerung selbst erfahren möchten, dann versuchen Sie die 400-m-Strecke so schnell wie möglich zu laufen.

---

[3] Mitochondrien: Zellbestandteile, die mit Hilfe von Sauerstoff ATP synthetisieren.
[4] Laktat: Salz der Milchsäure
[5] Glykogen: Speicherform der Glucose, Molekülketten mit bis zu 60 000 Glucosemolekülen.

Ausdauer

Aerobe Energiegewinnung aus Kohlenhydraten (C)

Dieser Energiegewinnungsweg wird immer dann genutzt, wenn die relativ geringe ATP-Bildungsrate den Energiebedarf decken kann. **Leistungsbegrenzend ist dabei das Sauerstoffangebot für die Muskelzelle**, d.h. Herz-Kreislauf-System und Atmung müssen für ausreichende Sauerstoffzufuhr sorgen (siehe Abb. 9, S. 17). Entsprechende Belastungsintensitäten sind typisch für längeres Laufen, Radfahren, Schwimmen oder Skilanglauf.

Dieser Energiegewinnungsweg hat den Vorteil, dass keine Milchsäure gebildet wird und die Endprodukte Kohlendioxid (CO_2) und Wasser (H_2O) ausgeschieden werden können. Die Funktionsfähigkeit der Enzyme wird deshalb nur wenig beeinträchtigt. Da gleichzeitig die Energieausbeute aus den Kohlenhydraten beim Abbau mit Sauerstoff 19-mal höher ist als ohne Sauerstoff, können Belastungen mit dieser Intensität relativ lange und ohne allzu große Ermüdung durchgehalten werden. Bei Belastungen über 90 min reichen die Kohlenhydratspeicher in der Regel allerdings nicht mehr aus, so dass die Muskelzellen ihre Energie zunehmend aus dem Abbau von Fetten gewinnen müssen.

Aerobe Energiegewinnung aus Fetten (D)

Deshalb also die Nudelparty vor einem Marathon.

Die Energiegewinnung aus Fetten ist **nur mit Sauerstoff möglich** (aerob). Die Fette werden zunächst in Fettsäuren zerlegt und dann nach weiteren Abbauschritten in den Stoffwechselweg des Glucoseabbaus eingeschleust. Die Energiegewinnung aus Fetten hat jedoch zwei entscheidende Nachteile, die sie nur begrenzt nutzbar machen:

- Für die Bildung gleicher ATP-Mengen braucht die Muskelzelle etwa 16% mehr Sauerstoff als bei der aeroben Energiegewinnung aus Kohlehydraten. Stehen nur noch Fette zur Verfügung, muss das Herz-Kreislauf-System bei gleicher Belastungsintensität deutlich mehr leisten.
- Die pro Zeiteinheit bereitgestellte Energiemenge ist etwa nur halb so groß wie bei der aeroben Energiegewinnung aus Kohlenhydraten, d.h. sind die Glykogenvorräte erschöpft und stehen nur Fette zur Verfügung, dann muss die Belastungsintensität deutlich reduziert werden.

Solange die Glykogenvorräte nicht erschöpft sind, beträgt aus diesen Gründen der Anteil der Fettsäuren an der Energiebereitstellung auch bei geringeren Belastungsintensitäten nur etwa 50% (aerobe Schwelle, siehe S. 21).

Da auch bei Normalgewicht der Fettspeicher relativ groß ist (siehe Abb. 10, S. 18), sind Fette im Sport eine unerschöpfliche Energiequelle; sie haben eine große Bedeutung für sportliche Belastungen mit langer Belastungszeit (über 2 Stunden).

2.3 Belastungsintensität und Zusammenwirken der Energiegewinnungswege

Die einzelnen Energiegewinnungswege laufen in den Muskelzellen immer parallel ab; wie hoch der jeweilige Anteil an der Energiebereitstellung ist, wird durch die Belastungsintensität bestimmt. Mit einem relativ einfachen Testverfahren kann man den **Anteil der anaerob-laktaziden Energiegewinnung an der Gesamtenergiebereitstellung** in Abhängigkeit von der Belastungsintensität ermitteln:

Die Versuchsperson läuft auf einem Laufband bei vorgegebenen Geschwindigkeiten. Die Laufgeschwindigkeit wird dabei alle drei Minuten um 2 km/h erhöht. Die erste Belastungsstufe lag bei dem in Abbildung 11 (Seite 21) dargestellten Test bei 6 km/h. Am Ende jeder Belastungsstufe wird durch Blutentnahme am Ohrläppchen die Laktatkonzentration im Blut gemessen. Um gleichzeitig auch die Auslastung des Herz-Kreislauf-Systems festzustellen, wird parallel die Herzfrequenz registriert.

In Abbildung 11 ist die Untersuchung von zwei Schülerinnen dargestellt, die unterschiedlich gut ausdauertrainiert sind. Bei gleicher Laufgeschwindigkeit (gleicher Belastungsintensität) hat die Tennisspielerin vor allem im oberen Belastungsbereich einen deutlich höheren Laktatspiegel; sie musste den Test auf Grund von starker Übersäuerung bei 15 km/h abbrechen. Die Mittelstreckenläuferin hingegen konnte selbst bei 18 km/h noch gut 3 Minuten durchlaufen, ihre aerobe Energiebereitstellung hat also eine deutlich höhere Kapazität als die der Tennisspielerin.

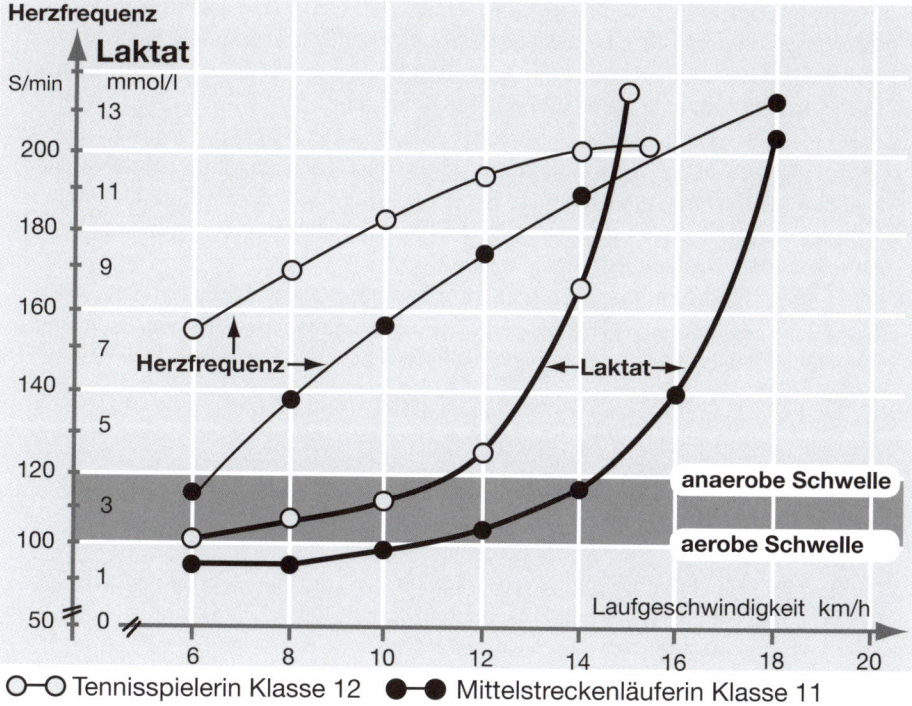

Abb. 11: Veränderung von Laktatspiegel und Herzfrequenz bei ansteigender Belastung auf dem Laufband.

Unabhängig von diesen Unterschieden steigt bei beiden die Laktatkurve erst langsam und dann immer schneller an. Dieser Kurvenverlauf lässt sich auf jeweils vergleichbare Stoffwechselsituationen zurückführen, die bei den beiden Läuferinnen jedoch bei unterschiedlichen Laufgeschwindigkeiten eintreten. Diese Stoffwechselsituationen können folgendermaßen charakterisiert werden:

Aerobe Schwelle: Sie ist allgemein festgesetzt auf 2 mmol[6] Laktat pro Liter Blut. Bei allen Belastungsintensitäten, bei denen der Laktatspiegel unterhalb dieses Wertes bleibt, erfolgt die Energiegewinnung fast ausschließlich aerob (siehe Prozesse (C) und (D), Abb.10); der Laktatspiegel bleibt in der Nähe des Ruhewertes. Der Anteil der Fettsäuren an der Energiebereitstellung liegt bei etwa 50%. Ab dieser Schwelle kann die benötigte Energie nur durch zusätzliche Energiegewinnung aus dem anaerob-laktaziden Stoffwechselweg bereitgestellt werden; der Laktatspiegel beginnt langsam zu steigen.

Die Tennisspielerin erreicht diese Schwelle schon bei einer Laufgeschwindigkeit von 6 km/h, die Mittelstreckenläuferin erst bei 11 km/h.

[6] Mol = Molekülmasse in g (1 Mol Laktat = 90g, 2 mmol Laktat = 180 mg)

Ausdauer

Aerob-anaerober Übergangsbereich: Dieser Belastungsbereich liegt zwischen der aeroben und anaeroben Schwelle. Der Anteil der anaerob-laktaziden Energiegewinnung nimmt mit steigender Belastungsintensität zwar zu, jedoch stehen Laktatbildung und Laktatabbau im Gleichgewicht, so dass der Laktatspiegel bei gleichbleibender Belastungsintensität konstant bleibt.

Anaerobe Schwelle: Sie ist allgemein festgesetzt auf 4 mmol Laktat pro Liter Blut. Bei Belastungsintensitäten an dieser Schwelle liegt ein maximales Laktatgleichgewicht vor, d.h. Laktatbildung und Laktatabbau stehen gerade noch im Gleichgewicht: **maximales Laktat-Steady-State**. Die Sauerstoffmenge, die aufgenommen werden kann, reicht gerade aus, um den Gesamtenergiebedarf zu decken. Die Tennisspielerin erreicht diese Grenzsituation bei 11 km/h, die Mittelstreckenläuferin bei 14,5 km/h.

Höhere Belastungsintensitäten erfordern eine verstärkte anaerob-laktazide Energiegewinnung. Der Laktatspiegel steigt auch bei konstanter Belastungsintensität stetig an. Es kommt zur schnellen Ermüdung durch Laktatanhäufung und Übersäuerung und zum Abbruch der Belastung.

Der stetige Anstieg der Laktatkurven zeigt, dass die Übergänge zwischen den einzelnen Belastungssituationen fließend sind und dass sich die Anteile der einzelnen Energiebereitstellungswege an der Gesamtenergiebereitstellung kontinuierlich mit der Belastungsintensität ändern.
Die Unterschiede im Kurvenverlauf, die bessere aerobe Ausdauerleistungsfähigkeit der Mittelstreckenläuferin, sind auf Anpassungen des Stoffwechsels und des Herz-Kreislauf-Systems zurückzuführen. Diese sind im folgenden Kapitel dargestellt.

2.4 Anpassungen des Stoffwechsels und des Herz-Kreislauf-Sytems, Trainingswirkungen

Ebenso wie bei den Laktatkurven bestehen auch bei den Herzfrequenzkurven große Unterschiede zwischen den beiden Schülerinnen: Trotz gleicher Laufgeschwindigkeit (gleicher Sauerstoffbedarf) hat die Tennisspielerin bis zum Erreichen der anaeroben Schwelle eine 20 bis 40 Schläge höhere Herzfrequenz als die Mittelstreckenläuferin.
Die Unterschiede im Verlauf der Laktat- und Herzfrequenzkurven beruhen auf folgenden Trainingswirkungen:

Anpassungen der Muskelzelle:

- Die Enzymwirkung zum aeroben Abbau der Kohlenhydrate wird durch eine Zunahme und Vergrößerung der Mitochondrien verstärkt.
- Die Enzyme zum Abbau der Fette in Fettsäuren werden vermehrt gebildet.

Anpassungen des Herz-Kreislauf-Systems:

- Die absolute Zahl der Kapillaren pro Muskelfaser und der Querschnitt der Kapillaren wird vergrößert und dadurch die Muskeldurchblutung verbessert (**Kapillarisierung**).
- Durch Ausdauertraining kommt es zu einer **Herzvergrößerung**, dabei werden die Innenräume erweitert und der Herzmuskel wird kräftiger. Dadurch kann sich das **Schlagvolumen**[7] im Vergleich zum Untrainierten fast **verdoppeln**. Die maximale Herzfrequenz kann durch Training kaum gesteigert werden.
- Das **Blutvolumen nimmt zu**. Dadurch kann mehr Sauerstoff transportiert (ca. 30%) und die Übersäuerung durch Milchsäure hinausgezögert werden.

---

[7] Blutmenge, die das Herz bei einer Kontraktion (Herzschlag) befördern kann.

Ausdauer

Diese Anpassungen bewirken insgesamt eine höhere Kapazität der aeroben Energiegewinnung, sodass die anaerob-laktazide Energiegewinnung beim Ausdauertrainierten erst bei höheren Belastungsintensitäten erforderlich wird (die Laktatkurve ist nach rechts verschoben). Die deutlich geringere Herzfrequenz der Mittelstreckenläuferin im unteren Belastungsbereich ist dadurch zu erklären, dass das größere Herz seine Pumpleistung zunächst über eine Vergrößerung des Schlagvolumens verbessern kann.

Die Vergrößerung des Herzens hat zusätzlich zur Verbesserung der Pumpleistung noch weitere Vorteile:

- **Ökonomische Herzarbeit:** Das größere Schlagvolumen ermöglicht eine geringere Herzfrequenz in Ruhe (**Ruhepuls**) und bei submaximalen Belastungen. Die Pausen zwischen den einzelnen Kontraktionen werden dadurch länger und der Herzmuskel kann besser durchblutet und mit Sauerstoff versorgt werden.
- **Abbau von Milchsäure, Erholungsfähigkeit:** Als Schutz vor Ermüdung sind Herzmuskelzellen darauf spezialisiert, ihre Energie unter Sauerstoffverbrauch aus Milchsäure und Fettsäuren zu gewinnen. Ein größeres Herz kann somit zum einen den Anstieg des Laktatspiegels im Blut verzögern und zum anderen durch raschen Abbau der Milchsäure nach der Belastung die Erholung beschleunigen.

Informationen zu weiteren Trainingswirkungen (siehe Tab. 6) können aus der Literatur (siehe Literaturliste) oder aus dem Internet entnommen werden.

3. Welche Ausdauerfähigkeiten sind für Gesundheit und Fitness wichtig?

3.1 Allgemeine aerobe Ausdauer

Wie schon erwähnt, ist es im Bereich von Gesundheit und Fitness wichtig, in **verschiedenen Situationen eine gute allgemeine Leistungsfähigkeit** zu besitzen und diese auch **längere Zeit aufrecht erhalten** zu können. Auch eine gute Erholungsfähigkeit ist von hohem gesundheitlichem Wert.
Die Eigenschaften der Energiebereitstellung zeigen, dass zur Verbesserung einer solchen Ausdauerfähigkeit vor allem die aerobe Energiebereitstellung trainiert werden sollte. Die Belastungsintensität sollte dabei größtenteils unter der anaeroben Schwelle liegen; für eine trainingswirksame Belastung des Herz-Kreislauf-Systems muss mindestens 1/7 der Muskulatur eingesetzt werden. Belastungssituationen, die fast ausschließlich eine anaerobe Energiebereitstellung erfordern, haben einen geringen gesundheitlichen Wert, da das Herz-Kreislauf-System und die Atmung nicht ausreichend belastet werden.

Die entsprechende Ausdauerfähigkeit bezeichnet man als **allgemeine aerobe Ausdauer (aerobe Kapazität)**. Sie kann folgendermaßen charakterisiert werden:

> Die Belastungsintensität liegt unter der anaeroben Schwelle. Die Energiegewinnung ist vorwiegend aerob. Die aufgenommene Sauerstoffmenge reicht aus, um die benötigte Energiemenge bereitzustellen (Sauerstoffgleichgewicht = Steady-State).

Während für viele sportliche Leistungen spezifische Kraft-, Schnelligkeits- und Beweglichkeitsfähigkeiten erforderlich sind, hat von den physischen Leistungsfaktoren die **Ausdauer, speziell die allgemeine aerobe Ausdauer, für Gesundheit und Fitness die größte Bedeutung**.

Ausdauer

> Das **Training der allgemeinen aeroben Ausdauer** (allgemeines Ausdauertraining) hat ein breites Wirkungsspektrum. Die Belastungsreize erhalten und verbessern die Funktionsfähigkeit vieler Organe und Organsysteme (siehe Abb. 12).

Durch Kraft-, Schnelligkeits- oder Beweglichkeitstraining hingegen werden fast immer nur einzelne Muskel- und Gelenksysteme angesprochen; das Herz-Kreislauf-System und die Atmung werden nur wenig belastet (Ausnahme Kraftausdauertraining). Durch spezielles Ausdauertraining werden zwar auch viele Funktionssysteme unseres Körpers positiv beeinflusst, doch steht hier die Verbesserung der Leistung in bestimmten Disziplinen im Vordergrund; die extremen Belastungen beim Ausdauertraining im Hochleistungssport können sogar negative Auswirkungen auf das Immunsystem haben.

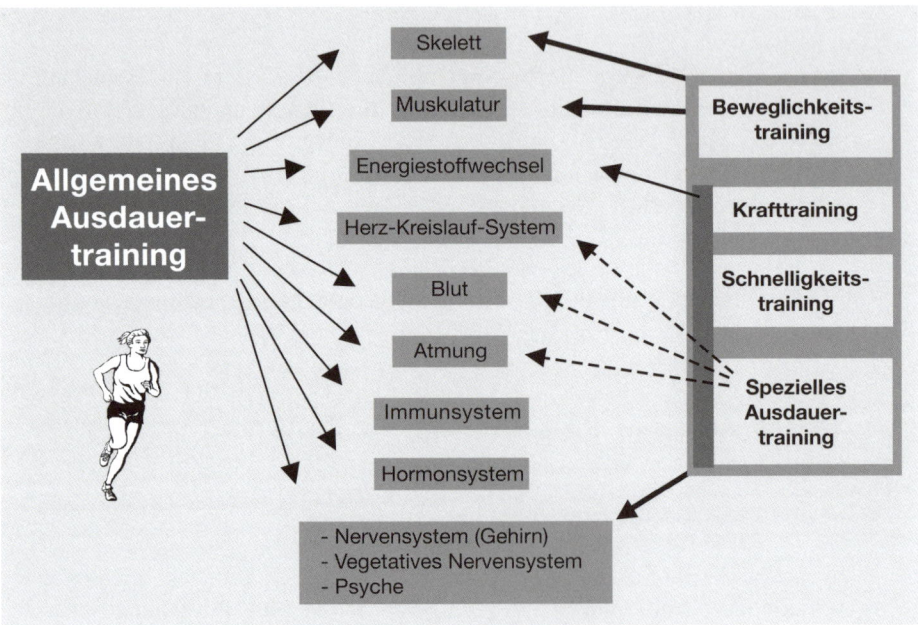

Abb. 12: Wirkungsspektrum eines allgemeinen Ausdauertrainings

Die Vorteile, die eine gut ausgebildete allgemeine aerobe Ausdauer mit sich bringt, sind in Abbildung 13 und in Abbildung 14 an einem Beispiel dargestellt. Wie wichtig die Erholungsfähigkeit in Belastungspausen ist, kann man bei einem Circuittraining leicht selbst feststellen. In Abbildung 13 ist die Erholung nach der Belastung an einer Station mit Hilfe der Herzfrequenz dargestellt. Vergleicht man das Absinken der Herzfrequenz nach der Belastung in Abhängigkeit vom Ruhepuls, dann wird deutlich, dass bei Schülern, die einen niedrigen Ruhepuls haben (gute aerobe Ausdauer), die Herzfrequenz viel schneller absinkt als bei Schülern mit hohem Ruhepuls; die Erholungsfähigkeit ist also wesentlich besser. Bei einer Pause von 90 sec zwischen den einzelnen Stationen ist die Herzfrequenz bei der Gruppe mit einem Ruhepuls von 64 S/min auf etwa 100 S/min gefallen, während bei der Gruppe mit einem Ruhepuls von 85 S/min die Herzfrequenz noch bei 140 S/min liegt. Wer einen hohen Ruhepuls hat, erholt sich also nur langsam und hat große Mühe, den Circuit durchzustehen. Er ist nach einem Durchgang erschöpft, während andere mit niederem Ruhepuls noch einen weiteren Durchgang machen könnten. Ähnliche Probleme tauchen auch bei allen Ballspielen auf, bei denen ein ständiger Wechsel zwischen Phasen mit hoher und Phasen mit niederer Intensität stattfindet.

Ausdauer

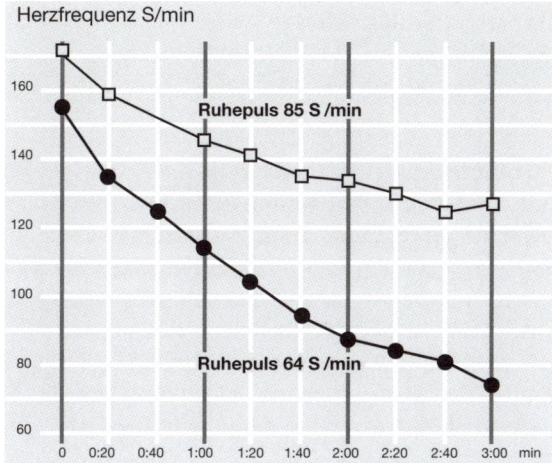
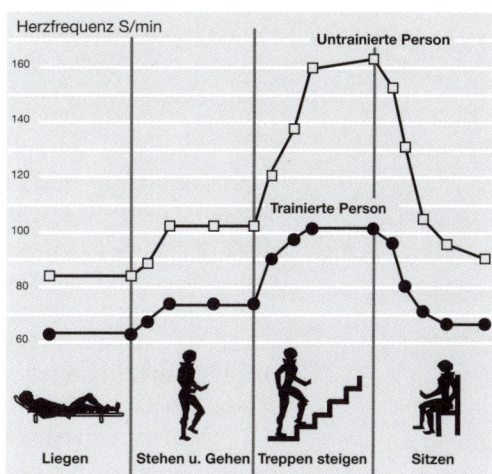

Abb. 13: *Erholungspuls in Abhängigkeit vom Ruhepuls.*

Abb. 14: *Herzfrequenz in Alltagssituationen bei unterschiedlichem Trainingszustand.*

In Abbildung 14 ist die Herz-Kreislauf-Belastung in einer Alltagssituation dargestellt. In allen Belastungssituationen ist das Herz des Untrainierten deutlich stärker belastet und die Erholung verläuft wesentlich langsamer.

3.2 Grundlagenausdauer

Im Leistungssport müssen Ausdauerfähigkeiten ganz spezifisch ausgeprägt sein. Bei einem 400-m-Lauf und einem 800-m-Lauf z.B. unterscheiden sich die Anforderungen an die Muskulatur und an den Energiestoffwechsel ganz erheblich (siehe Tab. 8, S. 26). Solche Ausdauerfähigkeiten lassen sich nur auf einer stabilen Ausdauergrundlage entwickeln. Diese Grundlage wird auch als Grundlagenausdauer bezeichnet. Sie unterscheidet sich von der allgemeinen aeroben Ausdauer dadurch, dass man ausschließlich im aeroben Bereich belastet; die zur Optimierung der sportlichen Leistung erforderlichen Anteile der anaeroben Energiegewinnung werden spezifisch trainiert.

> Berechnen Sie, wie viel häufiger das Herz des Untrainierten im Vergleich zum Trainierten in Ruhe pro Stunde (Tag) schlagen muss.
>
> Eine Vorstellung von dieser Mehrarbeit des untrainierten Herzens können Sie sich verschaffen, in dem Sie versuchen, einen Tennisball entsprechend häufig zusammen zu drücken.

Grundlagenausdauer ist die sportartenunabhängige Ermüdungswiderstandsfähigkeit bei Langzeitbelastungen unter dem Einsatz großer Muskelgruppen (mehr als 1/7 der Skelettmuskulatur). Die Belastungsintensität reicht bis zur aeroben Schwelle, die Energiegewinnung ist ausschließlich aerob.

Das Training der Grundlagenausdauer hat ein vergleichbar breites Wirkungsspektrum wie das Training der allgemeinen aeroben Ausdauer. Es hat nicht nur für die Verbesserung spezifischer Ausdauerfähigkeiten, sondern für die Verbesserung jeder sportlichen Leistung eine fundamentale Bedeutung. Es stabilisiert den Körper gegen hohe Belastungen und verkürzt die Erholungszeiten. Diese Wechselwirkung beruht vor allem auf den Wirkungsbereichen Energiestoffwechsel, Herz-Kreislauf-System, Blut und Atmung.
Ausdauertraining, speziell das Training der Grundlagenausdauer, hat also nicht nur für Gesundheit und Fitness, sondern für die Entwicklung jeder sportlichen Leistung eine positive Wirkung (siehe Abb. 12, Seite 24).

3.3 Allgemeine anaerobe Ausdauer und spezifische Ausdauerfähigkeiten

Wie die allgemeine aerobe Ausdauer lässt sich die allgemeine anaerobe Ausdauer durch die Art der Energiebereitstellung eingrenzen:

Ausdauer

> Die Belastungsintensität liegt über der anaeroben Schwelle. Die Energiegewinnung ist vorwiegend anaerob-alaktazid und anaerob-laktazid. Es entsteht ein erhebliches Sauerstoffdefizit.[8]

Für Gesundheit und Fitness hat diese Ausdauerfähigkeit aus den oben genannten Gründen keine Bedeutung. In Bezug auf die Verbesserung spezifischer sportlicher Ausdauerleistungen hat sich gezeigt, dass dieser Ausdauerbegriff zu unspezifisch ist. Die Anforderungen an den Energiestoffwechsel unterscheiden sich in diesem Belastungsbereich je nach Belastungszeit deutlich. Aus diesem Grund hat es sich bewährt, die Ausdauer in Abhängigkeit von der Belastungszeit zu strukturieren. Da bei allen dynamischen Bewegungsabläufen, die länger als 25 sec dauern, die Eigenschaften der Energiebereitstellung eine dominierende Rolle spielen, umfassen diese **spezifischen Ausdauerfähigkeiten** alle Belastungssituationen über 25 sec Dauer.

Spezifische Ausdauerfähigkeiten	Belastungsdauer	Energiebereitstellung
Kurzzeitausdauer	25 sec – 2 min	hpts. anaerob-laktazid
Mittelzeitausdauer	2 – 10 min	anaerob-laktazid und aerob
Langzeitausdauer	über 10 min	hpts. aerob

Tab. 8: Strukturierung der Ausdauer im Sport.

Die Langzeitausdauer wird im Leistungssport zeitlich noch weiter differenziert als in der Tabelle angegeben. Beim 10.000-m-Lauf (30 min) werden z.B. bis zu 10 mmol Laktat pro Liter Blut gemessen, d.h. die anaerobe Energiegewinnung spielt hier noch eine wichtige Rolle. Bei längeren Belastungszeiten (über 40 min) überlappen sich Langzeitausdauer und allgemeine aerobe Ausdauer. Für nähere Informationen muss auf die weiterführende Literatur verwiesen werden.

4. Ausdauertraining

4.1 Ziele und Voraussetzungen

Wie in den vorangegangenen Kapiteln deutlich wurde, können die positiven Wirkungen eines Ausdauertrainings am besten durch Training der allgemeinen aeroben Ausdauer oder der Grundlagenausdauer erreicht werden. Bei der Gestaltung des Trainings müssen aber nicht nur die allgemeinen Gesetzmäßigkeiten und Prinzipien des Trainings sondern auch die Ziele und die körperlichen Voraussetzungen des Trainierenden berücksichtigt werden. Ziele können z.B. sein:

- Erhaltung und Verbesserung der Leistungsfähigkeit/Fitness
- Erhaltung und Stabilisierung der Gesundheit (Prävention)
- Reduktion des Körpergewichts und Körperformung („Fettverbrennung", siehe S. 53 ff)
- Wohlbefinden und Stressabbau

Will man Leistungsfähigkeit und Fitness verbessern, dann muss bevorzugt die allgemeine aerobe Ausdauer trainiert werden; ansonsten sollte das Training der Grundlagenausdauer im Vordergrund stehen.

---

[8] Sauerstoffmenge, die während der Belastung für eine rein aerobe Energiegewinnung fehlt. Sie muss nach Beendigung der Belastung in der Erholungsphase aufgenommen werden (Sauerstoffschuld).

Ausdauer

Außer der unterschiedlichen Zielsetzung müssen bei der Trainingsgestaltung auch die körperlichen Voraussetzungen beachtet werden:

- Trainingszustand
- Körpergewicht
- Verletzungen
- Muskelstruktur
  (Anteil langsam und schnell zuckender Fasern; siehe Kapitel Kraft)

Im Ausdauertraining ist es für „Trainingsanfänger" besonders wichtig, zunächst die Belastung zu reduzieren; eine zu schnelle Ermüdung oder gar Erschöpfung können sehr demotivierend sein. Bei hohem Körpergewicht oder Verletzungen kann es vor allem beim Laufen zu Fehlbelastungen des Muskel-, Band- und Stützapparates kommen; hier sollte mit dem Rad oder im Wasser trainiert werden. Menschen mit einem hohen Anteil an langsamen Muskelfasern sollten ihr Ausdauertraining in Sportarten mit langsameren Bewegungsabläufen wie Radfahren, Schwimmen, Skilanglauf oder Inline-Skating durchführen.

4.2 Trainingsmethoden

Für ein wirksames Training müssen die Belastungskomponenten Intensität, Dauer, Dichte und Umfang sowie die Häufigkeit der Trainingseinheiten aufeinander abgestimmt sein. Es gibt grundsätzlich zwei verschiedene Möglichkeiten der Trainingsgestaltung:

- **Dauermethoden:** Die Belastung wird nicht unterbrochen (keine Pause) und die Belastungsintensität reicht maximal bis zur anaeroben Schwelle.

- **Intervallmethoden:** Die Belastung wird durch mehrere Pausen mit unvollständiger Erholung unterbrochen, die Belastungsintensität liegt über der anaeroben Schwelle.

Dauermethoden

a) Kontinuierliche Methoden

Die Belastungsintensität bleibt während der gesamten Belastungszeit **konstant** und darf nicht über der anaeroben Schwelle liegen, da ansonsten die für einen trainingswirksamen Reiz erforderliche Belastungsdauer auf Grund zu früher Ermüdung nicht erreicht werden könnte. Die Wirkung ist abhängig von der Intensität.

Kontinuierliche Dauermethode	extensiv	intensiv
Intensität /Dauer	aerobe Schwelle /ca. 100 min	aerob-anaerober Übergangsbereich /ca. 45 min
wesentliche Wirkung	• Verbesserung der Herz-Kreislauf-Funktion • Verbesserung der Energiegewinnung aus Fetten	aus Kohlenhydraten (Kapillarisierung)
wesentliches Ziel	Gesundheit	Fitness

Tab. 9: Dauermethoden, Belastungsintensität und Trainingswirkung.

Ausdauer

b) Fahrtspiel

Bei dieser Trainingsmethode wird die Belastungsintensität spielerisch variiert. Die Intensitäten können von ganz niedrig (Erholungsphase) bis fast maximal reichen. Wichtig ist, dass auf eine hohe Belastung (über der anaeroben Schwelle) eine Erholungsphase mit geringer Belastung folgen muss (aerobe Schwelle oder geringer). Es gibt aber keine Belastungspause. Diese Methode eignet sich vor allem für ein Training in abwechslungsreichem Gelände. Sie ist sehr motivierend, erfordert aber ein gutes Belastungsgefühl (siehe S. 31), damit es nicht zu einer zu starken Übersäuerung kommt. Wesentliche Trainingswirkung ist die Verbesserung der allgemeinen aeroben Ausdauer. Für Anfänger ist diese Methode nicht geeignet.

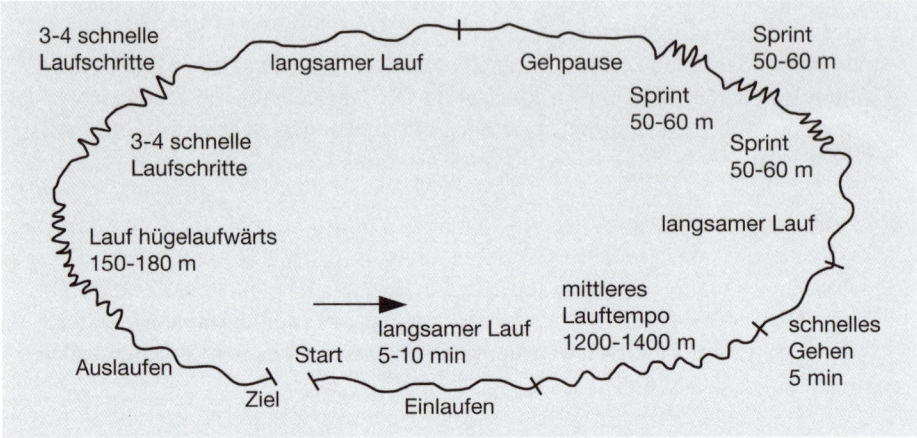

Abb.15: Schema eines Fahrtspiels (nach Friedmann 2008)

Intervallmethoden

Die Intervallmethoden zeichnen sich dadurch aus, dass die Belastung nicht kontinuierlich, sondern intervallartig erfolgt. Die Belastungsintensität liegt dabei grundsätzlich über der anaeroben Schwelle. Zur **Verbesserung der aeroben Ausdauer** wird die **extensive Intervallmethode** angewendet, bei der die Belastungsintensität im unteren Belastungsbereich der Intervallmethoden liegt.[9] In den Pausen zwischen den einzelnen Belastungen wird keine vollständige Erholung abgewartet (unvollständige Erholung). Die Pausenlänge kann stark variieren. Als Orientierungshilfe kann die Herzfrequenz dienen. Nach Erreichen einer Pulsfrequenz von etwa 120-140 S/min kann der nächste Belastungsreiz gesetzt werden.

Da auch die Erholungspausen für das Herz-Kreislauf-System trainingswirksam sind, hat die Kombination von Belastungsphasen und kurzen Pausen mit unvollständiger Erholung bei einer entsprechenden Gesamtbelastungsdauer eine **ähnliche Wirkung wie die intensive Dauermethode**. Mit der extensiven Intervallmethode können aber die Anpassungen der Muskelzelle (Zunahme und Vergrößerung der Mitochondrien) und die Verbesserung der Muskeldurchblutung (Kapillarisierung, siehe S. 17 und 22) wesentlich gezielter und effektiver trainiert werden als mit der intensiven Dauermethode.

Bei höheren Intensitäten und längeren Pausen mit einem insgesamt geringeren Belastungsumfang können Ausdauerfähigkeiten (aerob und anaerob) und Kraftfähigkeiten (Kraftausdauer) gleichzeitig trainiert werden (siehe Kapitel Kraft). In der Schule häufig verwendete Trainingsmittel, mit denen man nach der Intervallmethode trainieren kann, sind z.B. das Circuittraining und Aerobic-Programme. Kennzeichnend für das Circuittraining ist die abwechselnde Beanspruchung einzelner Muskelgruppen (Arme, Beine, Rücken- und Bauchmuskulatur).

[9] Die Belastungsintensität bei der extensiven Intervallmethode beträgt 60-80%, bei der intensiven Intervallmethode 80-90% (siehe Friedmann 2008).

Ausdauer

Dadurch wird eine hohe Belastung des Gesamtkörpers erreicht, während sich für die einzelnen Muskelgruppen eine relativ lange Pause ergibt.

In Tabelle 10 ist das Belastungsgefüge für ein Lauftraining nach der extensiven Intervallmethode und das Belastungsgefüge bei einem Circuittraining dargestellt.

Belastungs- komponenten	Lauftraining (extensive Intervallmethode)	Circuittraining (Intervallmethode)
	über der anaeroben Schwelle (ANS)	
Intensität	• kurze Strecke: deutlich über d. ANS • lange Strecke: wenig über d. ANS	bei Belastung der Beinmuskulatur deutlich über d. ANS
Dauer	ca. 1 – 8 min (Laufstrecke: ca. 300–2000 m)	ca. 30 – 45 sec (an jeder Station)
Pause	ca. 1,5 – 4 min	ca. 20 – 40 sec*
Umfang	20 – 4 Wiederholungen	6 – 8 Stationen mit 2 –3 Rundgängen
wesentliche Wirkung	• Verbesserung der Herz-Kreislauf-Funktion • Verbesserung der Energiegewinnung aus Kohlenhydraten – aerober Stoffwechsel – Kapillarisierung	aerob und anaerob

* Die Pausenlänge ist abhängig von der Belastungsintensität und vom Trainingszustand.

Tab. 10: Belastungsgefüge bei Intervallbelastungen zur Verbesserung der allgemeinen aeroben Ausdauer (verändert nach Friedmann 2008)

4.3 Steuerung der Belastungsintensität bei den Dauermethoden

Die Hauptschwierigkeit eines wirksamen Ausdauertrainings nach der Dauermethode liegt in der Einhaltung der richtigen Belastungsintensität. Wie die Energiebereitstellungsprozesse gezeigt haben, ist eine optimale Dosierung nur in Kenntnis der aeroben und anaeroben Schwelle möglich. Im Bereich von Gesundheit und Fitness ist jedoch eine exakte Intensitätssteuerung nicht so entscheidend, hier reicht es, darauf zu achten, dass man bei längeren Belastungen nicht übersäuert und dass beim Training des Fettstoffwechsels die Intensität eindeutig im aeroben Bereich liegt. Zur Steuerung der Belastungsintensität gibt es folgende Möglichkeiten:

Herzfrequenz

Mit Hilfe der Daten eines Laufbandtests könnte man die Belastungsintensität im Training relativ genau über die Laufgeschwindigkeit oder die Herzfrequenz steuern. Die Laufgeschwindigkeit kann in der Regel nur auf einer Rundbahn kontrolliert werden. Die Messung der Herzfrequenz hingegen ist in den unterschiedlichsten Belastungssituationen möglich. Eine genaue Messung lässt sich mit Hilfe eines Pulsmessgeräts auch während der Belastung durchführen. Ein Messgürtel am Brustkorb überträgt die Daten drahtlos an eine Pulsuhr am Handgelenk. Für die beiden getesteten Schülerinnen lassen sich die im Training erforderlichen Herzfrequenzen direkt aus der Abbildung 11 (siehe S. 21) ablesen.

Ausdauer

Belastungsintensität	Ruhe	HF max	aerobe Schwelle	anaerobe Schwelle
Tennisspielerin	80 S/min	210 S/min	152 S/min	188 S/min
Mittelstreckenläuferin	60 S/min	210 S/min	168 S/min	191 S/min

Tab. 11: Belastungsintensität und Herzfrequenz; die Schwellenwerte sind aus den Laktatkurven in Abbildung 11 (S.21) abgeleitet, Ruhe- und Maximalpuls sind dem Messprotokoll entnommen.

Üben Sie das Pulsmessen am Ende einer Belastung sowohl am Handgelenk als auch am Hals und vergleichen Sie.

Steht kein Pulsmessgerät zur Verfügung, kann die Herzfrequenz auch über die Pulswelle an den Schlagadern am Handgelenk oder am Hals ermittelt werden. Dies ist aber nur am Ende einer Belastung oder durch Belastungsunterbrechung möglich. Da die Herzfrequenz nach Beendigung einer Belastung sehr schnell absinkt, ist eine hinreichend genaue Messung des Belastungspulses nur innerhalb der ersten zehn Sekunden nach der Belastung möglich. Diese schnelle Messung gelingt in der Regel nur an der Halsschlagader. Man muss sich jedoch im Klaren sein, dass Abweichungen von bis zu 10 S/min möglich sind.

Belastungstests mit Laktatmessung sind teuer und aufwendig; sie werden in der Regel nur im Leistungssport und in der Rehabilitation durchgeführt. Wie schon erwähnt, muss bei einem auf Gesundheit und allgemeine Fitness ausgerichteten Training die Belastungsdosierung jedoch nicht so genau sein. Die erforderlichen Herzfrequenzen können mit Hilfe von Formeln abgeschätzt werden. Hierbei ist zu berücksichtigen, dass die maximale Herzfrequenz ab dem zwanzigsten Lebensjahr abnimmt:

Maximale Herzfrequenz (S/min) = 220 – Lebensalter

Aha, deshalb Trimming 130 für Ältere.

Hollmann hat für **Belastungen im aeroben Bereich** eine einfache Faustregel entwickelt, welche die Veränderung der maximalen Herzfrequenz berücksichtigt:

Trainingspuls (S/min) = 180 – Lebensalter

Wird die so errechnete Herzfrequenz nicht überschritten, dann ist gewährleistet, dass es im Training in der Regel zu keiner erhöhten Laktatbildung kommt. Im Fitnessbereich und zur Verbesserung sportlicher Leistungen muss die Belastung jedoch höher sein; es muss vor allem auch der Trainingszustand berücksichtigt werden. Zur Abschätzung eines **Intensitätsbereichs zwischen der aeroben und anaeroben Schwelle** hat sich bis zu einem Alter von 60 Jahren (über 60 siehe Hollmann) folgende Formel bewährt:

Trainingspuls (S/min) = 170 – ½ Lebensalter +/- 10

Der Spielraum von +/- 10 S/min ergibt sich vor allem durch den Trainingszustand, gut Trainierte benötigen einen höheren Trainingspuls als Untrainierte. Die mit dieser Formel errechneten Pulswerte gelten für das Laufen. Bei anderen Sportarten und Trainingsmitteln muss der Trainingspuls reduziert werden (siehe Tab. 13, S. 34).

Eine Formel, die außer dem Alter auch den Trainingszustand und die erforderliche Belastungsintensität zu berücksichtigen versucht, wurde von **Karvonen** entwickelt. Der Trainingszustand wird hier über den Ruhepuls und die Intensität über einen Intensitätsfaktor (in %) mit eingerechnet:

Trainingspuls (S/min) = Ruhepuls + (HF max - Ruhepuls) x % Intensität

Ausdauer

Der Intensitätsfaktor sollte für Anfänger bei etwa 60 % und für Fortgeschrittene bei etwa 75 % liegen. Das Problem bei dieser Berechnung ist die genaue Kenntnis der maximalen Herzfrequenz. Diese kann in einem Stufentest, der bis zur maximalen Belastung geht, ermittelt werden; solche Tests dürfen aber nur bei gutem Gesundheitszustand durchgeführt werden.

Auch wenn nach einiger Übung die Pulsmessung von Hand zuverlässige Werte liefert, muss man berücksichtigen, dass die Herzfrequenz nicht nur vom Alter und Trainingszustand, sondern auch von weiteren Faktoren beeinflusst werden kann. So bewirken Hitze, hohe Luftfeuchtigkeit, Höhenlage oder Erkrankungen (Infekte) eine Erhöhung der Pulsfrequenz, während Medikamente (ß-Blocker), der Tauchreflex beim Schwimmen oder Herzerkrankungen zu einer Erniedrigung der Herzfrequenz führen können. Bei größeren Abweichungen von den Normwerten sollte man einen Arzt aufsuchen. Vor allen Dingen sollte man sich, wenn man das Gefühl hat, dass die Belastung zu anstrengend ist (siehe S. 32), nicht mit Gewalt an der vorgegebenen Herzfrequenz orientieren.

Vergleichen Sie bei den beiden Schülerinnen in Abbildung 11 die Werte, die sich aus den Formeln ergeben, mit den Werten aus dem Laufbandtest.

Berechnen Sie Ihren eigenen Trainingspuls nach den unterschiedlichen Formeln und vergleichen Sie.

Atmung

Für **Belastungsintensitäten im aeroben Bereich** kann zur Steuerung der individuellen Trainingsintensität auch die Atmung genutzt werden. Wie die Energiegewinnung in der Muskelzelle verdeutlichte, ist ein Training im aeroben Bereich nur bei ausreichendem Sauerstoffangebot möglich. Können also Atemfrequenz und Atemtiefe über längere Zeit ohne spürbare Ermüdung konstant gehalten werden, dann ist die Sauerstoffversorgung ausreichend.

Beim Laufen lässt sich das leicht durch den Atem-Schritt-Rhythmus kontrollieren. Kann ein 4-Schritt-Atemrhythmus (4 Schritte einatmen, 4 Schritte ausatmen) eingehalten werden, dann liegt die Belastung im aeroben Bereich. Selbst bei einem 2-Schritt-Rhythmus liegt die Belastungsintensität bei entsprechender Atemtiefe nicht über der anaeroben Schwelle.

Grundsätzlich kann man davon ausgehen, dass eine ruhige tiefe Atmung eine Belastung im aeroben Bereich gewährleistet. Eine hechelnde und flache Atmung hingegen deutet auf eine verstärkt anaerobe Energiebereitstellung hin. Die Intensitätssteuerung über die Atmung hat den Vorteil, dass eine Steuerung während der Belastung möglich ist. Muss man den vorgegebenen Atem-Schritt-Rhythmus verkürzen, dann ist das Lauftempo zu hoch und man sollte es sofort verringern, ist hingegen der Atem-Schritt-Rhythmus relativ leicht einzuhalten, dann kann man das Lauftempo erhöhen.

Eine weitere Möglichkeit der Intensitätssteuerung über die Atmung ist sowohl beim Laufen als auch bei Ausdauersportarten, die keine Kontrolle durch den Atem-Schritt-Rhythmus ermöglichen, die **Nasenatmung** (Einatmen durch die Nase, Ausatmung durch den Mund). Solange die Einatmung durch die Nase zur Sauerstoffversorgung ausreicht, liegt die Belastungsintensität im aeroben Bereich.

Weitere Möglichkeiten der Intensitätssteuerung

Für die Steuerung der Belastungsintensität über die Atmung gibt es unabhängig von Atemfrequenz und Atemtiefe einfache Regeln, die eine zu intensive Belastung verhindern können:

- „Laufen ohne zu Schnaufen" (keine Atemnot)
- „Schweigen ist Silber, Reden ist Gold" (mit dem Trainingspartner sollten noch ganze Sätze gesprochen werden können)

Warum können diese Regeln eine zu intensive Belastung verhindern?

Ausdauer

Eine weitere, bei entsprechendem Körpergefühl sensible Möglichkeit der Intensitätssteuerung ist das **subjektive Belastungsgefühl**. Hier kann außer den normalen Einflussfaktoren auch die aktuelle Befindlichkeit berücksichtigt werden.

> Grundsätzlich sollte man sich beim Training nach der Dauermethode sowohl während des Trainings als auch danach wohlfühlen.

In Abbildung 16 sind verschiedene Abstufungen des subjektiven Belastungsempfindens dargestellt. Der ideale Intensitätsbereich im Gesundheits- und Fitnesssport liegt bei leicht bis mittel.

Abb. 16: Subjektives Belastungsgefühl bei kontinuierlicher Belastung (verändert nach Fitness-Timer, AOK)

4.4 Trainingshäufigkeit und Belastungsdauer, Trainingsprogramme

Bei der Besprechung des Homöostasegesetzes wurde deutlich, dass die Effektivität eines Trainings langfristig vom zeitlichen Abstand der Trainingseinheiten bestimmt wird. Für ein wirksames Ausdauertraining sind mindestens zwei Trainingseinheiten pro Woche erforderlich. Trainiert man in der Woche nur einmal, dann ist keine Verbesserung des Leistungsniveaus möglich, es kann sogar absinken. Je geringer die Trainingshäufigkeit, desto länger muss die Belastungsdauer sein (siehe Trainingsprinzipien).

In Tabelle 12 sind verschiedene Wochentrainingsprogramme für Anfänger und vorwiegend gesundheitsorientierte Sportler sowie für Fortgeschrittene mit vorwiegend fitnessorientiertem Training zusammengestellt. Die angegebenen Werte gelten für ein Lauftraining.

Trainings-programm	Intensität (Herzfrequenz, S/min)	Trainingshäufigkeit/ Dauer
Minimalprogramm - Anfänger - Gesundheitssport	180 - Lebensalter	optim.: 3 x 30 min/Woche - täglich 15 min - 4 x 25 min/Woche - 2 x 45 min/Woche
Optimalprogramm - Fortgeschrittene - Fitnesssport	(170 – ½ Lebensalter) + / - 10	- täglich 30-35 min - 5 x 40 min/Woche - 4 x 50 min/Woche - 3 x 60 min/Woche

Tab. 12: Trainingsprogramme im Gesundheits- und Fitnesssport (nach Friedmann 2008)

Hat man es als Anfänger geschafft, nach dem Minimalprogramm 8 bis 10 Wochen regelmäßig zu laufen, wird man feststellen, dass sich die Ausdauerleistungsfähigkeit deutlich verbessert hat. Da die **Reizschwelle zur Auslösung weiterer Anpassungen dann aber kaum noch erreicht** wird, kann man mit dem Minimalprogramm die Gesundheit auf Dauer nur auf einem sehr niedrigen Niveau stabilisieren. Für eine **weitergehende Stabilisierung der Gesundheit und eine Verbesserung der Fitness** muss man das Training langfristig auf das Optimalprogramm umstellen und/oder gegebenenfalls durch weitere Trainingsformen ergänzen (siehe Kapitel 6).

Für eine **gute Ausdauerleistungsfähigkeit** ist nicht nur das Herz-Kreislauf-System sondern auch die Leistungsfähigkeit der Muskulatur von entscheidender Bedeutung. Diese wird vor allem von der Durchblutung (Kapillarisierung) und Kapazität der aeroben Energiebereitstellung der Muskelzelle bestimmt (siehe Seite 17). Beide leistungsbestimmenden Faktoren können am effektivsten durch ein extensives Intervalltraining verbessert werden. Diese Trainingsmethode ist langfristig aber nur dann wirksam, wenn sie nicht ausschließlich sondern als Ergänzung zur Dauermethode angewendet wird (maximal 10-15 % des gesamten Trainingsumfangs (km) pro Woche). Zur Vorbereitung auf den Coopertest wäre z.B. zusätzlich einmal pro Woche ein extensives Intervalltraining über 400 m sinnvoll. Die Laufgeschwindigkeit sollte hierbei ca. 10-20 % über der durchschnittlichen Laufgeschwindigkeit, die man im Coopertest erreicht hat, liegen. Die Wiederholungszahl und die Pausenlänge richten sich nach dem allgemeinen Trainingszustand. Die Zahl der Wiederholungen sollte aber mindestens 6-8 und die Pausenlänge mehr als 50 % der Belastungszeit betragen. Bei Ungeübten empfiehlt sich eine Orientierung an der Herzfrequenz (siehe S. 29f); zur schnelleren Erholung empfiehlt es sich, in der Pause zu traben. Um insgesamt einen trainingswirksamen Reiz zu erreichen, müssen das Belastungsgefüge und der Gesamtumfang so gestaltet sein, dass der letzte Lauf „ganz schön anstrengend" ist. Man sollte aber das Gefühl haben, dass man durchaus noch ein bis zwei Läufe mehr machen könnte.

4.5 Sportarten, Trainingsmittel

Ein wirksames Herz-Kreislauf- und Stoffwechseltraining ist wie schon erwähnt nur möglich, wenn mindestens 1/7 der Muskulatur belastet wird. Dies entspricht etwa dem Muskelanteil eines Beines. Als Trainingsmittel (Sportarten) kommen deshalb zunächst einmal Laufen, Nordic-Walking, Radfahren, Ergometer-Training oder Inline-Skaten in Frage; ebenso wirksam sind Ganzkörperbewegungen wie Schwimmen, Skilanglauf oder Rudern. Auch Circuittraining ist bei entsprechender Übungsauswahl geeignet.

Die verschiedenen Trainingsmittel und Sportarten stellen auf Grund ihres jeweils spezifischen Belastungsprofils unterschiedliche Anforderungen an die Muskulatur und an das Herz-Kreislauf-System. Je weniger das Herz-Kreislauf-System und der Stoffwechsel belastet sind, um so länger muss in der Regel die Belastungsdauer sein. Beim Laufen und Schwimmen werden diese Teilsysteme am stärksten belastet, die Belastungsdauer für einen trainingswirksamen Reiz ist deshalb kürzer als bei anderen Sportarten. In Tabelle 13 sind Belastungsintensität und Belastungsdauer für verschiedene Sportarten (Trainingsmittel) zusammengestellt. Die Werte für die Belastungsdauer gelten für ein zwei- bis dreimaliges Training pro Woche. Die Trainingswirkung liegt zwischen Minimal- und Optimalprogramm.

Ausdauer

Sportart Trainingsmittel	Belastungs-intensität (S/min)	Belastungs-dauer (min)	Charakteristische Merkmale
Laufen	Laufpuls = 170 - ½ LA	20 - 45	Voraussetzung: Belastungsfähiger Bewegungsapparat
Radfahren Fahrrad-Ergometer Skilanglauf (freie Techn.) Rollski	Laufpuls - 10	40 - 90	gelenkschonend gute Fettverbrennung* Ganzkörperbewegung
Schwimmen (mittl. Technik) Inline-Skating	Laufpuls - 20	20 - 45 40 - 90	gelenkschonend gute Fettverbrennung*
Nordic-Walking	Laufpuls - 30	40 - 75	
Zügiges Gehen (Walking)	Laufpuls - 40	90 - 120	*siehe Kapitel 6

Tab. 13: Belastungsintensität und Belastungsdauer bei verschiedenen Sportarten und Trainingsmitteln; Werte sind in der Literatur unterschiedlich.

Wie schon dargestellt, können durch intervallartige Belastungen bestimmte Trainingswirkungen besser erreicht werden als durch kontinuierliche Belastungen (siehe S. 29). Intervallartige Belastungssituationen können aber nicht nur beim Laufen, beim Circuittraining oder beim Aerobictraining, sondern auch beim Training von vielen anderen Sportarten geschaffen werden.

5. Überprüfung der Ausdauer und des Ausdauertrainings
Coopertest (12-min-Lauf)

Eine genaue Aussage zur Ausdauerleistungsfähigkeit ist nur möglich, wenn man die Stoffwechselsituation bei verschiedenen Belastungsintensitäten kennt. Durch Messung der Herzfrequenz und Bestimmung der Laktatwerte im Blut können hierzu konkrete Angaben gemacht werden. Dabei wird in der Regel die Belastungsintensität vorgegeben und stufenartig erhöht (Stufentests) und am Ende jeder Belastungsstufe werden die beiden Parameter gemessen. Solche Untersuchungen, werden im Labor entweder auf dem Laufband (siehe Abb. 11) oder Fahrradergometer durchgeführt, im Freien (Feldtest, siehe Abb. 17)) werden auf einer Rundbahn die Laufgeschwindigkeiten vorgegeben. Diese Tests sind jedoch alle sehr aufwändig.

Eine einfachere Möglichkeit ist die Überprüfung der Leistungsfähigkeit bei kontinuierlichen und konstanten Belastungen über eine längere Strecke (Zeit). Um die tatsächliche Ausdauerleistungsfähigkeit feststellen zu können, muss man aber auch hier ähnlich wie bei den Stufentests an die Leistungsgrenze gehen. Bei einer Belastungszeit von 30 Minuten müsste die Intensität an der anaeroben Schwelle liegen. Da diese Intensität selbst im Spitzensport nur etwa 45 Minuten durchgehalten werden kann, ist dies für einen Freizeitsportler über 30 Minuten ein sehr hoher Belastungsgrad und nur bei sehr hoher Leistungsbereitschaft durchzuhalten. Als praktikabler Kompromiss zur Überprüfung der allgemeinen aeroben Ausdauer hat sich ein Lauftest von 12 Minuten bewährt (Coopertest). Man misst die in 12 Minuten gelaufene Strecke und bewertet diese an Hand normierter Tabellen. Da schon bei einer **Belastungszeit von 10 Minuten die Gesamtenergie zu über 90 % aerob** bereitgestellt wird, kann mit diesem Test die allgemeine aerobe Ausdauerleistungsfähigkeit gut abgeschätzt werden.

Ausdauer

Untersuchungen haben gezeigt, dass die Testergebnisse in hohem Maße mit der aeroben Ausdauerleistungsfähigkeit korrelieren.

Notenpunkte	15	14	13	12	11	10	9	8	7	6	5	4	3	2	1	0
Schüler Strecke in m	3175	3125	3075	3025	2975	2925	2825	2725	2625	2525	2425	2325	2175	2025	1875	weniger als 1875
Schülerinnen 500 m weniger	2675	2625	2575	2525	2475	2425	2325	2225	2125	2025	1925	1825	1675	1525	1375	weniger als 1375
Leistungssteigerung in m	50	50	50	50	50	100	100	100	100	100	100	150	150	150		

Warum ist die Belastungssteigerung im höheren Leistungsbereich geringer?

Tab.14: Bewertungstabelle für den 12-min-Lauf (nur ganze Punktzahlen) in der Abiturprüfung von Baden-Württemberg ab Abitur 2010.

In Tabelle 14 sind die Bewertungsrichtlinien für den 12-min-Lauf in der Abiturprüfung von Baden-Württemberg zusammengefasst. Ein Vergleich mit der bis zum Abitur 2003 gültigen Tabelle für die 3.000-m-Strecke zeigt, dass ein Schüler, der nach dieser Tabelle im 3.000-m-Lauf 9 Punkte erhalten würde, mit der gleichen Laufgeschwindigkeit im Coopertest 15 Punkte erhält. Wie Abbildung 17 zeigt, ist es durch diese Reduktion der Bewertungsskala möglich, dass auch Freizeitsportler bei guter Vorbereitung mit einer Belastungsintensität, die nur wenig über der anaeroben Schwelle liegt, 15 Punkte erreichen können.

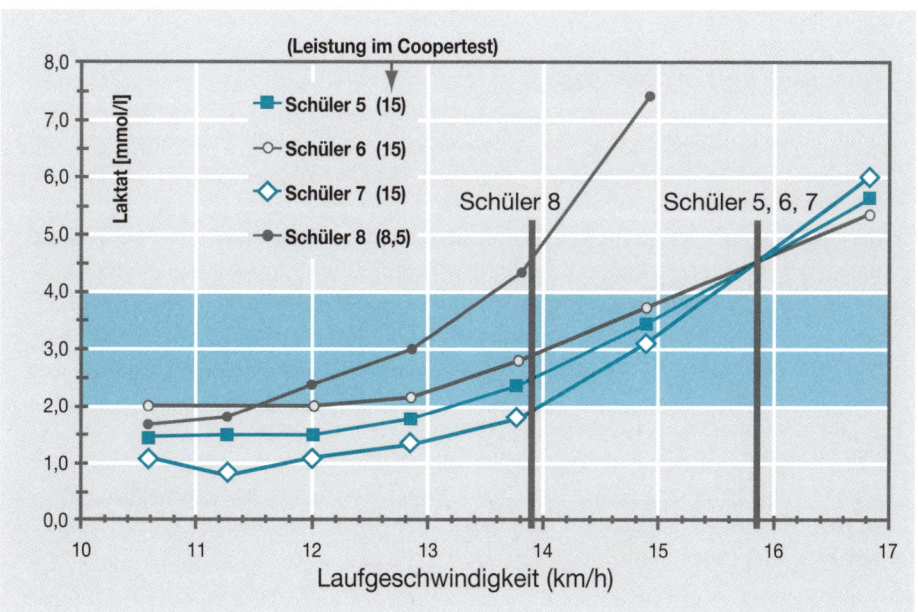

Abb. 17: Laktatwerte aus einem Feldtest und Laufgeschwindigkeiten beim Coopertest (|), (Freizeitsportler ‚Weihpratizky unveröffentlicht).

Wer also langfristig seine aerobe Ausdauer trainiert und sich den Lauf entsprechend seinem Leistungsniveau einteilt, der muss nur wenig übersäuern. Würde der Schüler 8 beim Test entgegen seines Leistungsvermögens 11 Punkte erreichen wollen, dann würde er bei der erforderlichen Laufgeschwindigkeit (ca. 14,9 km/h) schon nach kurzer Zeit stark übersäuern und sich über die restliche Zeit des Tests quälen müssen.

Welche Coopertestleistungen würden die beiden Schülerinnen aus Abbildung 11 (S. 21) bei einer Laufgeschwindigkeit an der anaeroben Schwelle erreichen?

Mit dem Coopertest kann man auch die Wirksamkeit des Trainings überprüfen. Macht man vor Beginn einer längeren Trainingseinheit einen Eingangstest, dann kann man die Effektivität des Trainings nach einigen Wochen mit einem erneuten Test kontrollieren. Damit eine Steigerung im Test auch auf eine tatsächliche Verbesserung der Ausdauer schließen lässt, sollte man sich auf den Eingangstest durch Schulung von Tempogefühl und Atmung vorbereiten.

Ausdauer

Gerade Anfänger können bei richtigem Training schon nach wenigen Wochen eine deutliche Steigerung im Coopertest feststellen.

Der Coopertest ist aber kein Trainingsmittel, auch durch häufiges Laufen des Tests wird die Ausdauerleistung langfristig nicht verbessert. Eine **Verbesserung der Ausdauer und die positiven Wirkungen des Ausdauertrainings** sind über längere Zeit nur mit den Dauermethoden – als Ergänzung auch extensive Intervallmethoden – zu erreichen: „**Der Weg ist das Ziel**".

Schwimmen, 12 Minuten

Im Gegensatz zum Laufen ist eine Überprüfung der allgemeinen aeroben Ausdauerleistungsfähigkeit durch einen Schwimmtest auf Grund der starken Abhängigkeit von der Schwimmtechnik nur begrenzt aussagekräftig. Untersuchungen zum Energieverbrauch und zur Laktatbildung haben gezeigt, dass beim Schwimmen für die gleiche Strecke etwa 3,5 bis 4 mal mehr Energie gebraucht wird als beim Laufen. Hierbei muss man allerdings berücksichtigen, dass beim Schwimmen wesentlich mehr Muskelgruppen eingesetzt werden. Sofern also überhaupt eine vergleichbare Wertung möglich ist, sollten die in 12 Minuten erreichten Schwimmstrecken etwa 1/4 der Laufstrecken betragen.

Ruhepuls und Erholungspuls

Eine grobe Einschätzung der Ausdauerleistungsfähigkeit kann auch anhand von Ruhepuls und Erholungspuls gemacht werden. Wie in Kapitel 2.4 und in Kapitel 3 deutlich wurde, sinkt die Herzfrequenz nach einer Belastung bei niederem Ruhepuls wesentlich schneller ab. Liegt der Ruhepuls unter 65 S/min und sinkt die Herzfrequenz innerhalb von drei Minuten nach Belastungsende unter 110 S/min, dann kann man von einer guten Ausdauerleistungsfähigkeit sprechen. Bei Untrainierten erniedrigt sich die Herzfrequenz in den ersten drei Minuten nach einer Belastung (HF über 170 S/min) nur um ca. 40 S/min.

Der erste messbare Effekt eines Ausdauertrainings ist das schnellere Absinken der Pulsfrequenz nach einer Belastung (Erholungspuls); schon nach einem sechswöchigen Training kann man in der Regel eine deutliche Verbesserung feststellen. Eine Erniedrigung des Ruhepulses hingegen kann erst nach einer längeren Trainingsphase beobachtet werden.

6. Tipps zum Ausdauertraining

- **Gesundheitsbewusstes Verhalten beginnt im Kopf.** Beschäftigen Sie sich mit dem Thema Gesundheit und Fitness, stellen Sie Fragen und sammeln Sie Informationen. Beobachten Sie sich selbst und Ihre Umgebung. Gewinnen Sie eine positive Einstellung zu Gesundheit und Fitness. Haben Sie das Handbuch bis hierher gelesen, dann war das der erste Schritt zu einer erfolgreichen Änderung ihrer bisherigen Verhaltensweisen.

- Eine dauerhafte Veränderung erreichen Sie nur, wenn Sie bereit sind, über längere Zeit, **eigene praktische Erfahrungen zu sammeln**. Tun Sie das nicht, dann bleibt alles Theorie und Vorurteil.

- **Heute ist besser als morgen**. Fangen Sie noch heute mit dem Training an, suchen Sie keine Ausreden und verschieben Sie es nicht.

Ausdauer

- Setzen Sie sich **konkrete und erreichbare Ziele**, freuen Sie sich über jeden auch noch so kleinen Erfolg.

- Es muss nicht unbedingt ein Lauftraining sein, obwohl dies am effektivsten ist. Wählen Sie die Sportart, die Ihnen Spaß macht und die Sie mit anderen betreiben möchten. Achten Sie darauf, dass Sie sich **wohlfühlen**.

- **Trainieren Sie regelmäßig**. Größere Trainingspausen führen rasch zu einer Verringerung der Leistungsfähigkeit und oft auch zu einem Verlust der Motivation.

- **Trainieren Sie als Anfänger zunächst „unterdosiert"**, damit sich ihr Körper in den ersten Wochen an die Belastung gewöhnen kann.

- **Achten Sie auf einen moderaten Beginn** („Aufwärmen") und auf ein Ausklingen des Trainings („cool down").

- Wenn Sie ihr **Training steigern** wollen, dann erhöhen Sie erst die Belastungsdauer, dann die Häufigkeit und erst später die Belastungsintensität.

- **Kontrollieren Sie regelmäßig ihren Ruhepuls**. Eine Erhöhung kann auf einen fieberhaften Infekt hinweisen. In diesem Fall sollten Sie nicht trainieren.

- Achten Sie auf die **verschiedenen Rahmenbedingungen**, welche die Belastbarkeit herabsetzen können: Nahrungsaufnahme, Alkohol, wenig Schlaf, Smog, Ozon, hohe Luftfeuchtigkeit, hohe Temperatur, Stress und Erkrankungen.

- **Nutzen Sie im Alltag möglichst viele Möglichkeiten zur Bewegung:** Fahren Sie Rad, gehen Sie zu Fuß, benutzen Sie Treppen und unterbrechen Sie längeres Sitzen durch Bewegungspausen. Werden Sie ein aktiver Mensch, bewegen Sie sich, wo Sie können.

Kraft

V. Kraft

1. Wozu Krafttraining?

1.1 Vermeidung von degenerativen Erkrankungen des Bewegungsapparates

Jede Bewegung und jede Körperhaltung erfordert Kraft. Ohne entsprechende Kraftbelastungen kann die Funktionsfähigkeit des Bewegungsapparates jedoch nicht erhalten werden (Homöostasegesetz). Die Bewegungsanforderungen eines „Durchschnittsalltags" sind heute so gering und einseitig (siehe S. 7 f), dass die zur Erhaltung und Verbesserung der Kraftfähigkeiten erforderliche Reizschwelle oft nicht erreicht wird. Muskeln schwächen sich ab und/oder verkürzen sich. Haltungsschwächen und langfristig auch degenerative Erkrankungen des Haltungs- und Bewegungsapparats sind die Folge. Häufige Erkrankungen sind z. B.:

Das klingt ja echt bedrohlich.

- **Wirbelsäulenerkrankungen:** Durch abgeschwächte und/oder verkürzte Muskulatur kommt es zu Fehlhaltungen und Fehlbelastungen. Langfristig degenerieren die Bandscheiben, es kommt zum Bandscheibenvorfall.

- **Arthrosen:** Durch Abschwächung und/oder Verkürzung der Muskulatur kommt es zu einseitiger Belastung der Gelenke. Knorpel und Kapsel der Gelenke werden geschädigt. Am häufigsten sind davon Hüft-, Knie- und Zwischenwirbelgelenke betroffen.

- **Osteoporose:** Knochen benötigen zur Erhaltung ihrer Stabilität regelmäßige mechanische Belastungsreise. Fehlende oder zu geringe Krafteinwirkung führt zu einem Abbau der Knochensubstanz, die Knochen werden brüchig. Vor allem Wirbelkörper und Röhrenknochen[10] sind davon betroffen. Die altersbedingte Osteoporose kann durch Krafttraining verringert werden.

- **Bindegewebsschwäche:** Zu geringe mechanische Belastungsreize führen vor allem zu einer Abschwächung der gelenkführenden Bänder.

1.2 Verringerung der Verletzungsgefahr

Im Alltag und auch bei sportlicher Betätigung kommt es immer wieder zu unvorhersehbaren Störungen von Bewegungsabläufen und Stürzen. Hierbei ist der Bewegungsapparat hohen mechanischen Belastungen ausgesetzt. Muskeln, Bänder und Gelenkstrukturen können verletzt werden. Eine gut ausgebildete Muskulatur kann die hohen Kraftwirkungen auffangen und dadurch den Bewegungsapparat vor Verletzungen schützen. In vielen Sportarten sind aber selbst bei normalen Bewegungsabläufen die Kraftwirkungen auf den Körper (Rumpf) so groß, dass es zu Verletzungen kommen kann. Als Beispiele seien hier die Landung nach einem Angriff oder Block im Volleyball oder die Belastung der Rumpfmuskulatur im Geräturnen genannt.

Kennen Sie noch mehr Sportarten, bei denen es zu hohen Belastungen des Bewegungsapparates kommt?

1.3 Kraft als Grundlage sportlicher Leistungen und Fitness

Nur mit gut ausgebildeter Muskulatur kann man sich schnellkräftig, ausdauernd und geschickt bewegen. Die für eine Sportart oder Disziplin erforderlichen Kraftfähigkeiten müssen jeweils spezifisch trainiert werden, damit die Leistung verbessert werden kann. So ist z.B. in der Leichtathletik bei allen Sprint-, Sprung und Wurfdisziplinen eine gute Schnellkraft, beim Schwimmen, Radfahren oder Rudern eine gute Kraftausdauer und beim Gewichtheben eine hohe Maximal-

---

[10] Röhrenknochen: Aus Stabilitätsgründen sind viele Knochen nach dem Röhrenprinzip aufgebaut.

Kraft

kraft erforderlich. Im Fitnessbereich müssen die einzelnen Kraftfähigkeiten nicht so gezielt trainiert werden. Hier steht eine allgemeine Kräftigung des ganzen Bewegungsapparates im Vordergrund.

1.4 „Gute Figur", Bodybuilding

Ziel eines Krafttrainings kann es auch sein, z.B. bei Übergewicht durch Fettabbau das Gewicht zu normalisieren (siehe Kapitel 6) oder umgekehrt bei Untergewicht durch Muskeltraining eine Steigerung des Körpergewichts zu erreichen. Im Bodybuilding kommt es darauf an, die einzelnen Muskeln so zu trainieren, dass der Muskelquerschnitt zunimmt.

Nach dem Qualitätsgesetz muss sich ein Krafttraining an der entsprechenden Zielsetzung orientieren. Um die unterschiedlichen Trainingsmethoden in ihrer Wirkung verstehen und anwenden zu können, sind einige grundlegende Kenntnisse zum Aufbau und Funktion von Skelettmuskeln erforderlich.

2. Aufbau und Funktion eines Skelettmuskels

2.1 Aufbau der Skelettmuskulatur und Gleittheorie der Muskelkontraktion

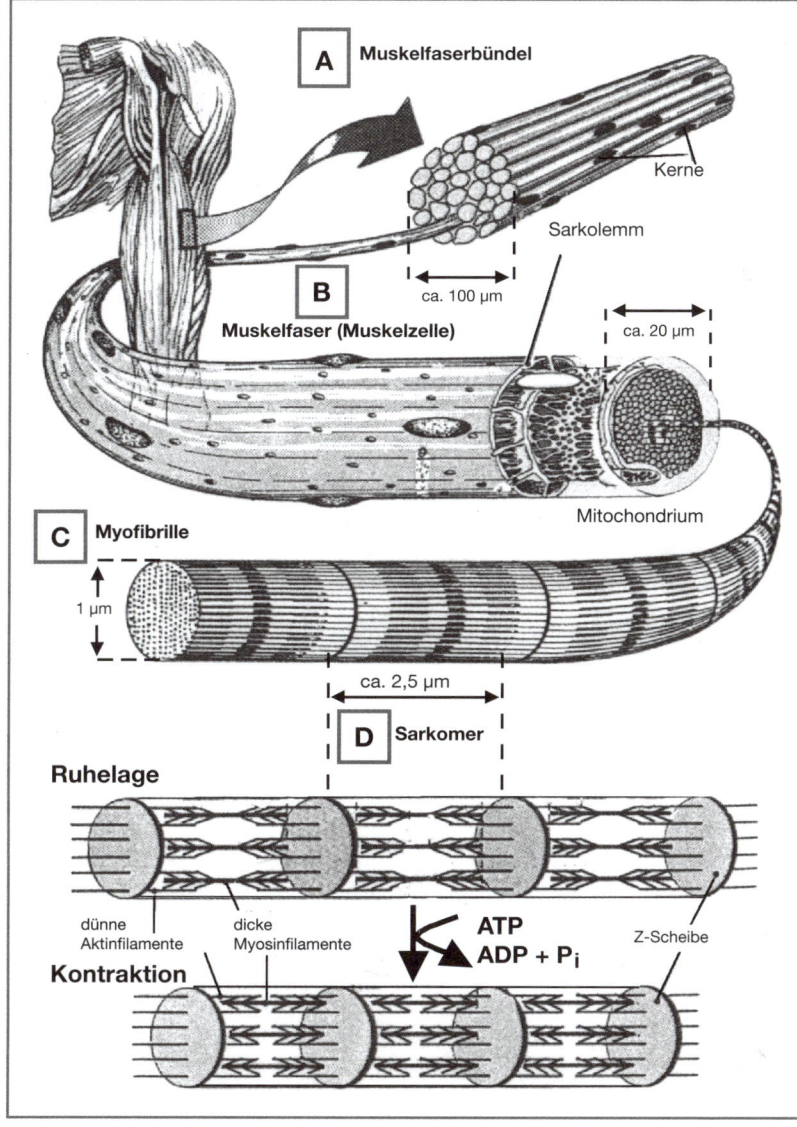

Skelettmuskelfasern (B) sind die kleinste zelluläre Einheit eines Muskels. Sie werden zu einem **Muskelfaserbündel (A)** zusammengefasst; diese kann man mit bloßem Auge erkennen (0,1 mm). Viele Muskelfaserbündel bilden einen Muskel. In der Skelettmuskulatur wird die Kraft, die für Bewegungen notwendig ist, durch Kontraktion entwickelt. Das **Sarkomer (D)** ist die kleinste kontraktile Einheit einer Muskelfaser. Tausende hintereinander geschaltete Sarkomere bilden eine **Myofibrille (C)**. Während der Kontraktion verkürzen sich die Sarkomere. Die dünnen Aktinfilamente werden unter Energieverbrauch (Spaltung von ATP, siehe S. 18) zwischen die dicken Myosinfilamente gezogen: **Gleittheorie der Muskelkontraktion**. Ein Sarkomer kann sich etwa um 1 µm (1 Millionstel Meter) verkürzen; um eine Muskelverkürzung von 1 cm zu erreichen, müssen sich also etwa 10.000 hintereinanderliegende Sarkomere einer Myofibrille gleichzeitig kontrahieren. Die Kraftentwicklung ist um so höher, je mehr Myofibrillen an der Aktion beteiligt sind.

Abb. 18: Feinstruktur eines Muskels (nach Friedmann 2008)

Kraft

2.2 Beugen und Strecken, intermuskuläre Koordination

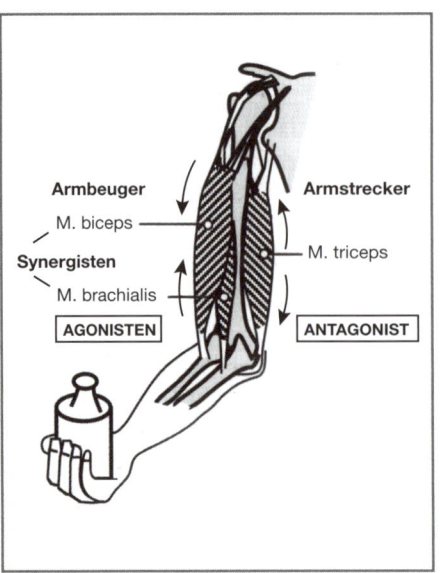

Ein Muskel kann sich nur aktiv verkürzen, für die Gegenbewegung ist ein zweiter Muskel erforderlich. Somit kann ein Muskel das Gelenk entweder nur beugen oder nur strecken. Verkürzt sich der Beugemuskel (**Agonist**), dann wird der erschlaffte Streckmuskel (**Antagonist**) passiv gedehnt und umgekehrt. Bei aktiver Streckung werden die Streckmuskeln als Agonisten und die Beugemuskeln als Antagonisten bezeichnet. Sind mehrere Muskeln an der Beugung oder Streckung beteiligt, bezeichnet man sie als **Synergisten**.

Abb. 19: Agonisten und Antagonisten bei der Beugung des Ellbogengelenks (aus Friedmann 2008)

Benennen Sie die Gegenspieler am Hüft-, Knie- und Fußgelenk.

Bei fast allen Bewegungen im Alltag und im Sport sind mehrere Gelenke beteiligt. Hierbei müssen viele Muskeln koordiniert zusammenarbeiten. Dieses Zusammenspiel lässt sich trainieren. Durch „Automatisierung" wird erreicht, dass die antagonistisch arbeitenden Muskeln möglichst wenig die Bewegung hemmen.

> Das Zusammenspiel der Agonisten (Synergisten) und Antagonisten bezeichnet man als **intermuskuläre Koordination**.

Die Kraftentwicklung und das Zusammenspiel der einzelnen Muskeln funktioniert dann am besten, wenn sich Agonist und Antagonist in einem funktionalen Gleichgewicht befinden (muskuläre Balance), d.h. die Muskeln dürfen nicht verkürzt sein und die Gegenspieler sollten etwa gleich viel Kraft entwickeln können.

2.3 Motorische Einheit, intramuskuläre Koordination

Die Kontraktion einer Muskelfaser wird durch Nervenimpulse ausgelöst. Eine motorische Nervenzelle kontrolliert (innerviert) mehrere Muskelfasern.

> Die motorische Nervenzelle und die von ihr innervierten Muskelfasern bilden eine **motorische Einheit**.

Je nach Funktion besteht ein Muskel aus mehr oder weniger solcher Einheiten. Augen- und Fingermuskeln besitzen z.B. kleine (wenige Muskelfasern pro Neuron) und relativ viele motorische Einheiten, Oberschenkelmuskulatur und Bizeps hingegen haben große und entsprechend weniger Einheiten. Eine große Zahl kleiner motorischer Einheiten ermöglicht eine gute Abstufbarkeit der Muskelkraft (Feinkoordination).

Die motorische Einheit gehorcht dem „Alles-oder-Nichts-Gesetz", d.h. erreicht der Impuls des Motoneurons den Schwellenwert, dann kontrahieren sich alle Muskelfasern der motorischen Einheit. Die Kraftentwicklung in einem Muskel kann also über eine unterschiedliche Zahl gleichzeitig aktiver motorischer Einheiten gesteuert werden. Die Aktivierung der einzelnen Motoneurone geschieht entweder direkt durch das Gehirn und/oder reflektorisch über das Rückenmark.

Kraft

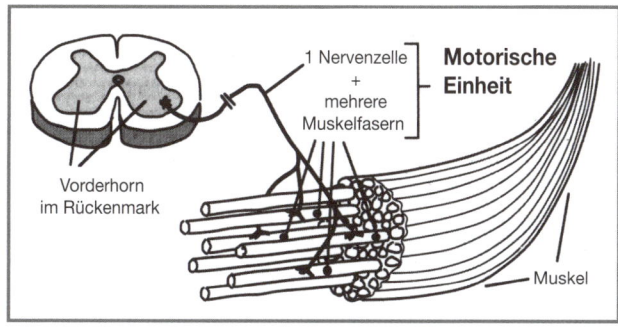

Abb. 20: Motorische Einheit (aus Friedmann 2008)

> Die Koordination der Aktivierung verschiedener motorischer Einheiten des gleichen Muskels bezeichnet man als **intramuskuläre Koordination**.

Verschiedene Schutzeinrichtungen des motorischen Nervensystems verhindern, dass alle motorischen Einheiten eines Muskels gleichzeitig aktiviert werden können. Dadurch kann eine Überlastung des Bewegungsapparates vermieden werden. Durch Drogen (Doping) oder in Gefahrensituationen können die hemmenden Einflüsse aufgehoben werden, so dass eine größere Zahl motorischer Einheiten gleichzeitig eingesetzt werden kann (siehe S. 14).

Von den in einem Muskel vorhandenen Fasern kann der Untrainierte **willkürlich** nur etwa 45% - 60% gleichzeitig aktivieren. Durch intensives Training kann die Zahl der **willkürlich** gleichzeitig aktivierbaren Fasern deutlich erhöht werden (bis ca. 90%). Die Zahl der gleichzeitig aktivierbaren motorischen Einheiten wird in starkem Maße auch von der Motivation und der Konzentration beeinflusst.

2.4 Arbeitsweisen der Muskulatur

Wird ein Muskel innerviert, dann muss die entstehende Muskelspannung nicht unbedingt auch zu einer Verkürzung des Muskels führen. Die Längenänderung des Muskels ist abhängig vom Verhältnis der Muskelspannung (innere Kraft) zum äußeren Widerstand (äußere Kraft).

Es lassen sich folgende Situationen und Arbeitsweisen der Muskulatur unterscheiden: konzentrisch, exzentrisch, reaktiv und statisch (siehe Tab. 15).

Situation	Arbeitsweise des Muskels	Beispiele – Ablauf der Längenänderung
Innere Kraft[1] ist **größer** als äußere Kraft[2]	überwindend = positiv-dynamisch (= konzentrisch)	Heben in den Ballenstand: Wadenmuskel **verkürzt** sich.
Innere Kraft ist **geringer** als äußere Kraft	nachgebend = negativ-dynamisch (= exzentrisch)	Senken aus dem Ballenstand in den Stand: Wadenmuskel wird **verlängert**.
Innere Kraft **zunächst geringer dann größer** als äußere Kraft	nachgebend – überwindend (exzentrisch-konzentrisch) = reaktiv	Absprungphasen bei Sprüngen: in der Stemmphase **Verlängerung**, anschließend **Verkürzung** der Muskulatur
Innere Kraft ist **gleich** der äußeren Kraft	haltend (statisch)	Kreuzhang an den Ringen, Handstand, Standwaage; die Muskellänge bleibt **konstant**.

[1] Innere Kraft: Aktionskraft, die ein Muskel oder eine Muskelkette entwickelt.
[2] Äußere Kraft: Äußere Widerstände, die der Aktionskraft des Muskels entgegenwirken (z.B. Gewicht (Schwerkraft), Reibung).

Tab. 15: Arbeitsweisen der Muskulatur

Kraft

In Abbildung 21 sind weitere Beispiele für die unterschiedlichen Arbeitsweisen der Muskulatur dargestellt.

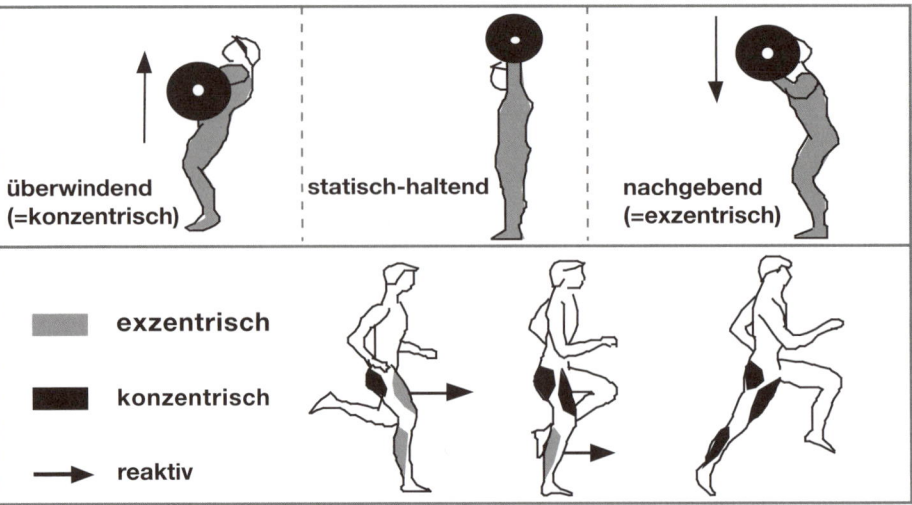

Abb. 21: Arbeitsweisen der Muskulatur (nach Friedmann 2008)

Im Bereich Gesundheit und Fitness sollte man beim Krafttraining vor allem die positivdynamische Arbeitsweise bevorzugen. Hier können die mechanischen Kräfte, die auf den Muskel einwirken, gut kontrolliert werden. Bei der statischen Arbeitsweise ist dies zwar auch möglich, doch wird durch Dauerkontraktion die Durchblutung der Muskulatur unterbrochen und es kommt zur Bildung von Milchsäure (siehe S. 17 f). Dies kann sich negativ auf die Anpassungsprozesse (Trainingswirkungen) auswirken. Statische Arbeitsweisen werden vor allem bei Verletzungen in der Rehabilitation angewandt.

> Bei welchen Disziplinen wird die Leistung in starkem Maße von einer reaktiven Arbeitsweise bestimmt? Erklären Sie in diesem Zusammenhang die Aufgabe von Stemmbewegungen.

Reine exzentrische Arbeitsweisen kommen beim Krafttraining nur im Hochleistungssport zur Anwendung. Die Intensität liegt dabei über der Maximalkraft, die Verletzungsgefahr ist entsprechend groß. Der Muskel wird dabei entgegen seiner maximalen Kontraktionskraft verlängert.

Die meisten sportlichen Bewegungen beruhen auf einer Kombination von nachgebender und überwindender (reaktiver) Arbeitsweise, so muss z.B. die Muskulatur bei allen Lauf-, Hüpf- und Sprungbewegungen reaktiv arbeiten (siehe Abb. 21). Im Gesundheitsbereich ist ein spezielles Krafttraining mit reaktiver Arbeitsweise (z.B. Tief-Hoch-Sprünge) nicht erforderlich, zur Verbesserung der sportlichen Leistung kann ein solches Training jedoch sehr effektiv eingesetzt werden. Im Fitnessbereich sollte man darauf achten, dass die hierbei auftretenden Kraftspitzen nicht zu hoch sind (siehe Schnellkrafttraining).

2.5 Muskelfasertypen

Die Kraftentwicklung im Muskel wird nicht nur über die Anzahl der aktiven motorischen Einheiten sondern auch über die Aktivierung unterschiedlicher Muskelfasertypen gesteuert. Man kann die Muskelfasern der Skelettmuskulatur grob in zwei Gruppen einteilen:

- **Schnell kontrahierende Fasern**, auch FT-Fasern (FT = fast-twitch) oder helle („weiße") Fasern genannt.

- **Langsam kontrahierende Fasern**, auch ST-Fasern (ST = slow-twitch) oder dunkle („rote") Fasern genannt. Die dunkelrote Färbung wird durch eine hohe Myoglobinkonzentration[11] verursacht.

[11] Myoglobin: roter Muskelfarbstoff (Sauerstoffspeicher)

Kraft

In der Tabelle 16 sind die wichtigsten unterschiedlichen Eigenschaften dieser beiden Muskelfasertypen zusammengestellt.

Fasertyp Eigenschaften	ST-Fasern	FT-Fasern
Kontraktions-geschwindigkeit	langsam	**schnell** (ca. 2 x Geschwindigkeit von ST-Fasern)
Energie-gewinnung	hpts. **aerob** (mit Sauerstoff)	hpts. **anaerob** (ohne Sauerstoff)
Ermüdung	langsam	schnell
Einsatzbereich	**Langsam bis zügig ablaufende Kontraktionen** (bei niedriger Kraftbelastung, bis ca. 50 % Maximalkraft, werden fast ausschließlich ST-Fasern aktiviert)	- **Schnell (explosiv) ablaufende Kontraktionen** - **bei langsam bis zügig ablaufenden** Kontraktionen **Zuschaltung** ab ca. 50 % Maximalkraft

Tab. 16: Wesentliche Eigenschaften von ST- und FT-Fasern

Alle Muskelfasern einer motorischen Einheit gehören immer zum gleichen Fasertyp. Der Anteil der jeweiligen Fasern in einem Muskel ist größtenteils angeboren und kann durch Training nur in engen Grenzen beeinflusst werden.

> Der „geborene Langstreckenläufer" besitzt mehr langsame, der „geborene Sprinter" mehr schnelle Muskelfasern.

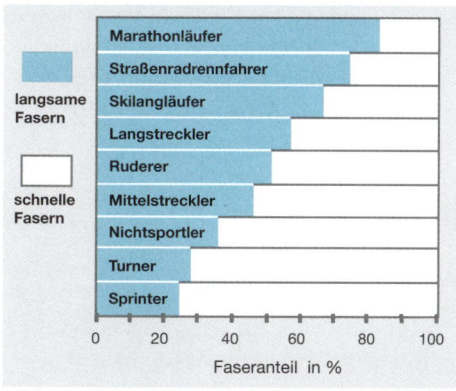

Bewedi kann ja also überhaupt nichts dafür, dass er so schnell ist.

In Abbildung 22 ist die Fasertypenverteilung bei Hochleistungssportlern in verschiedenen Sportarten dargestellt. Es bestehen große Unterschiede in der Faserverteilung. Die anlagebedingten Unterschiede werden durch das spezifische Training verstärkt.

Abb. 22: Faserverteilung in Abhängigkeit von den motorischen Anforderungen (nach Friedmann 2008)

Gibt es in Ihrem Kurs Schülerinnen und Schüler, bei denen man eine ungleiche Faserteilung annehmen muss?

3. Welche Kraftfähigkeiten sind für Gesundheit und Fitness wichtig?

Die Kräfte, die bei bestimmten Körperhaltungen, Bewegungen oder sportmotorischen Leistungen erforderlich sind, werden im Wesentlichen durch drei Parameter bestimmt:

- Die erforderliche Krafthöhe
- Die Zeit, in welcher diese Krafthöhe erreicht werden muss
- Die Zeitdauer, über welche die Kraft benötigt wird

Entsprechend diesen Parametern lässt sich die Kraft in drei verschiedene Kraftfähigkeiten differenzieren: **Maximalkraft** (maximale Krafthöhe), **Schnellkraft** (möglichst schnelle Kraftentwicklung) und **Kraftausdauer** (möglichst langes Halten der Kraft).

Kraft

3.1 Maximalkraft

Maximalkraft ist die größtmögliche Kraft, die willkürlich gegen einen Widerstand ausgeübt werden kann.

Bei der Optimierung von sportlichen Leistungen ist die Höhe der erforderlichen Maximalkraft abhängig von der Größe des äußeren Widerstandes, der überwunden werden muss. Je größer dieser Widerstand, desto höher muss die Maximalkraft sein (z.B. Gewichtheben). Die Maximalkraft hat deshalb in den verschiedenen Sportarten eine recht unterschiedliche Bedeutung.

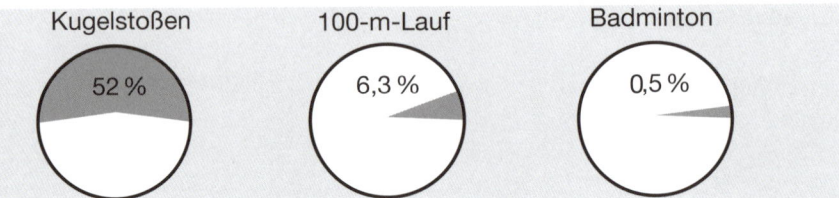

Abb. 23: Einfluss der Maximalkraft auf die Wettkampfleistung in verschiedenen Sportarten (nach Friedmann 2008)

Im Bereich der Gesundheit spielt die Optimierung einer Leistung keine Rolle. Es ist deshalb ausreichend, wenn die Maximalkraft der einzelnen Muskeln so gut entwickelt ist, dass der Bewegungsapparat vor degenerativen Erkrankungen und Verletzungen geschützt ist.

Möchte man aber seine **allgemeine Fitness und seine sportlichen Leistungen verbessern**, dann muss man die Maximalkraft gezielt trainieren. Die Ausprägung der je nach Sportart erforderlichen Kraftfähigkeiten Schnellkraft und Kraftausdauer wird nämlich in starkem Maße von der Maximalkraft beeinflusst.

Die Höhe der erforderlichen Maximalkraft ist sowohl beim Schutz vor degenerativen Erkrankungen und vor Verletzungen als auch bei vielen sportlichen Aktionen abhängig vom Körpergewicht. Je höher das Körpergewicht, desto besser muss die Maximalkraft ausgeprägt sein. Die auf das Körpergewicht bezogene Maximalkraft wird auch als **Relative Kraft** bezeichnet:

Relative Kraft = Maximalkraft / Körpergewicht.

Leistungsbestimmende Faktoren der Maximalkraft

Wie im Kapitel Aufbau und Funktion des Muskels deutlich wurde, ist die Höhe der Maximalkraft im Wesentlichen von folgenden Faktoren abhängig:

- **Muskelquerschnitt:** Je größer der Querschnitt, desto höher ist die Zahl der kontraktilen Elemente Aktin und Myosin.

- **Intramuskuläre Koordination:** Je mehr motorische Einheiten gleichzeitig kontrahiert werden können, desto größer ist die entwickelte Kraft.

- **Intermuskuläre Koordination:** Nur durch ein gutes Zusammenspiel der Synergisten und Antagonisten kann sich bei einer Bewegung die Kraft der Agonisten optimal entwickeln.

Eine Verbesserung der Maximalkraft kann also durch eine Vergrößerung des Muskelquerschnitts und/oder durch die Verbesserung der intra- und intermuskulären Koordination erreicht werden. Soll die relative Kraft gesteigert werden, dann ist es sinnvoll, entweder nur die intra- und intermuskuläre Koordination zu verbessern oder das Körpergewicht zu reduzieren.

Wie ist in diesem Zusammenhang das „Gewicht machen" im Boxen, Ringen oder Gewicht heben zu verstehen?

Kraft

3.2 Schnellkraft

> Schnellkraft ist die Fähigkeit, den eigenen Körper oder ein Gerät mit hoher Geschwindigkeit zu bewegen bzw. Widerstände mit höchstmöglicher Kontraktionsgeschwindigkeit zu überwinden.

Schnellkraft ist also die Fähigkeit, in möglichst kurzer Zeit eine möglichst hohe Kraft zu entwickeln. Für die **Gesundheit** ist die Schnellkraft **ohne Bedeutung**, auch für eine **allgemeine Fitness** spielt sie nur eine **untergeordnete Rolle**. Sportliche Leistungen werden hingegen **häufig von der Schnellkraft** bestimmt. Bei den meisten Sportarten bzw. Disziplinen kommt es nämlich darauf an, dem eigenen Körper oder einem Sportgerät eine hohe Geschwindigkeit zu verleihen.

In welchen Sportarten bzw. Disziplinen, die Sie schon selbst ausgeübt haben, spielt die Schnellkraft eine entscheidende Rolle?

Leistungsbestimmend für die Schnellkraft sind folgende Faktoren:

- **Maximalkraft:** Je größer die Kraft, um so schneller kann eine bestimmte Masse beschleunigt werden.

- **Intra- und intermuskuläre Koordination zu Beginn der Kontraktion:** Je mehr motorische Einheiten **direkt zu Beginn** der Kraftentwicklung gleichzeitig aktiviert werden können und je besser die Muskelaktionen aufeinander abgestimmt sind, desto schneller kann sich die Kraft entwickeln.

- **Zahl der FT-Fasern:** Auf Grund der erforderlichen hohen Kontraktionsgeschwindigkeit wird die Schnellkraft in starkem Maße vom Anteil der FT-Fasern in einem Muskel bestimmt.

- **Kontraktionsgeschwindigkeit der Muskulatur:** Außer dem Anteil der FT-Fasern hat auch die Muskeltemperatur einen großen Einfluss; bei einer Erhöhung um 2° C steigert sich die Kontraktionsgeschwindigkeit um 20 % (Bedeutung des Aufwärmens).

3.3 Kraftausdauer

> Kraftausdauer ist die Ermüdungswiderstandsfähigkeit bei langandauernden oder sich wiederholenden Kraftleistungen mit überwiegend anaerob-laktazider Energiegewinnung.

Intensive, sich schnell wiederholende Krafteinsätze, die insgesamt länger als 7 sec dauern, können nur mit Hilfe anaerob-laktazider Energiegewinnung aufrecht erhalten werden (siehe S. 19 f). Ab einer Belastungszeit von ca. 2 min beginnt die aerobe Energiegewinnung zu überwiegen.

> Kraftausdauer ist deshalb für alle Belastungen zwischen 7 sec und 2 min die entscheidende Kraftfähigkeit.

Nur bei Belastungen mit relativ langsamer Bewegungsausführung wie z.B. Rudern, Schwimmen, Eisschnelllauf und Radfahren ist die anaerob-laktazide Energiegewinnung auch noch bei längeren Belastungszeiten (**bis ca. 6 min**) ein entscheidender leistungsbestimmender Faktor. Da bei diesen Sportarten für die einzelnen Aktionen ein hohes Maß an Kraft erforderlich ist, ist hier die Kraftausdauer bei Belastungen bis 6 min die entscheidende leistungsbestimmende Kraftfähigkeit.

Wie lange Kraftleistungen aufrechterhalten oder wiederholt werden können, hängt also vom Kraftniveau und von der Energienachlieferung ab.

Kraft

Leistungsbestimmend für die Kraftausdauer sind somit folgende Faktoren:

- **Maximalkraft und/oder Schnellkraft:** Je besser diese Kraftfähigkeiten ausgeprägt sind, um so länger können spezifische Kraftanforderungen aufrecht erhalten werden, da die Muskulatur bei gleichen Anforderungen insgesamt geringer belastet ist.

- **Anaerob-laktazide Energiegewinnung:** Unabhängig vom Kraftniveau kann sich ein Muskel nur so gut und so lange kontrahieren, wie eine schnelle Nachlieferung von ATP durch den anaerob-laktaziden Abbau der Kohlenhydrate möglich ist.

Für die **Gesundheit** hat die Kraftausdauer **keine größere Bedeutung**, da bei entsprechend ausgeprägter Maximalkraft die Belastungen der Alltagsmotorik gut bewältigt werden können. In vielen Berufen und auch in der Schule sind die Anforderungen an die Muskulatur jedoch häufig sehr einseitig. Beim Sitzen muss oft über Stunden die gleiche Körperhaltung eingenommen werden. Hier kommt es schnell zur Ermüdung bestimmter Muskelgruppen und dadurch langfristig zu Fehlhaltungen und degenerativen Erkrankungen. Kraftausdauertraining vor allem für die Rumpfmuskulatur kann dieses Risiko verringern.

Im Bereich der Fitness ist die Kraftausdauer eine **wichtige Fähigkeit**, um zumindest, wie eingangs angesprochen, „mithalten zu können". Viele Belastungen sind gekennzeichnet durch einen Wechsel der Belastungsintensität, typisch ist dies vor allem bei allen Ballspielen. Im Kapitel Ausdauer wurde deutlich, dass es wichtig ist, sich in den Phasen mit geringerer Belastungsintensität möglichst schnell erholen zu können. Ebenso wichtig ist es natürlich, dass es in den Phasen intensiver Belastung nicht zur schnellen Erschöpfung kommt. Hier hat die Kraftausdauer eine entscheidende Bedeutung. Bei längeren Belastungen kann die Kraftausdauer um so effektiver eingesetzt werden, je besser die aerobe Ausdauer ausgeprägt ist. Durch die hohe aerobe Kapazität kann die Milchsäurebildung hinausgezögert werden.

4. Krafttraining

4.1 Ziele und Voraussetzungen

Maximalkraft

Wie in den vorangegangenen Kapiteln deutlich wurde, sind sowohl die Erhaltung der Gesundheit als auch die Verbesserung der Fitness nur auf der Basis einer gut ausgeprägten Maximalkraft möglich.

Primäres Ziel eines Krafttrainings ist deshalb die Verbesserung der Maximalkraft.

Wie in Kapitel 3.1 (S. 43) dargestellt, kann die Maximalkraft durch eine Vergrößerung des Muskelquerschnitts und/oder eine Verbesserung der intra- und intermuskulären Koordination verbessert werden.

Verbesserung der intramuskulären Koordination

Eine effektive Verbesserung der intramuskulären Koordination ist entsprechend den allgemeinen Gesetzmäßigkeiten des Trainings nur durch sehr hohe Belastungsintensitäten (über 85 % der momentanen Maximalkraft) möglich. Das

Kraft

Risiko für Verletzungen des Bewegungsapparates ist dabei groß. Außerdem kommt es bei diesen Belastungen durch Pressatmung zu einem enormen Anstieg des Blutdrucks und die Durchblutung des Herzmuskels, des Gehirns und auch der Muskulatur kann bis auf die Hälfte reduziert werden. Dies kann bei Erkrankungen des Herz-Kreislauf-Systems ein erhebliches Gesundheitsrisiko darstellen (z.B. Herz-Rhythmus-Störungen, Kollaps).

Ein spezifisches Training der intramuskulären Koordination ist aus o.g. Gründen im Gesundheits- und Fitnessbereich nicht sinnvoll. Die entsprechenden Trainingsmethoden sollten nur im Leistungssport oder nach einem längeren intensiven Vorbereitungstraining (siehe S. 49) angewendet werden.
Eine schonende, wenn auch nicht so effektive Möglichkeit zur Verbesserung der intramuskulären Koordination sind moderate Hüpf- und Sprungbelastungen.

Verbesserung der intermuskulären Koordination

Die Verbesserung der Intermuskulären Koordination ist im Gesundheits- und Fitnessbereich kein spezielles Trainingsziel. Das Zusammenspiel der verschiedenen Muskelgruppen wird durch Trainingsübungen, die sich an der Alltagsmotorik und am Bewegungsablauf der entsprechenden sportlichen Disziplin orientieren, automatisch mittrainiert.

Vergrößerung des Muskelquerschnitts (Muskelaufbau, Hyperthropie)

Die Verbesserung der Maximalkraft durch Vergrößerung des Muskelquerschnitts ist im Gegensatz zum Training der Intramuskulären Koordination mit wesentlich geringeren Intensitäten möglich. Bei Untrainierten liegt die Reizschwelle schon bei 30-40 % der Maximalkraft.

> Muskelaufbautraining zur Vergrößerung des Muskelquerschnitts kann sehr schonend durchgeführt werden und ist für den Bereich Gesundheit und Fitness bestens geeignet.

Fast alle in Tabelle 7 (S. 10) genannten Trainingswirkungen eines Krafttrainings können durch Muskelaufbautraining erreicht werden.
Für den Fitnessbereich und zur Verbesserung von sportlichen Leistungen liegt die Reizschwelle über 50% der Maximalkraft. Dadurch werden auch bei langsamer Bewegungsausführung die FT-Fasern verstärkt aktiviert und ihr Querschnitt als Folge des Trainingsreizes vergrößert. Dies ist eine wichtige Voraussetzung für eine effektive Verbesserung der Schnellkraft.

Schnellkraft

Möchte man als leistungsorientierter Fitnesssportler die Schnellkraft trainieren, dann sollte man darauf achten, dass die Maximalkraft gut ausgeprägt ist. Um das Verletzungsrisiko zu senken und die Effektivität des Trainings zu steigern ist es in jedem Fall sinnvoll, vor einem Schnellkrafttraining ein mehrwöchiges Muskelaufbautraining durchzuführen.

Kraftausdauer und Körperformung

Das Training der Kraftausdauer muss nicht nur wie oben beschrieben die Verbesserung von Gesundheit und Fitness zum Ziel haben. Durch den hohen Glykogenverbrauch, bedingt durch die anaerob-laktazide Energiegewinnung (siehe S. 19) und die hohen Wiederholungszahlen, wird in der Regenerationsphase

Kraft

nach dem Training auch der Fettspeicher als Energiequelle genutzt. Dies kann langfristig zu einer Reduktion des Unterhautfettgewebes führen (siehe auch Kap. 6).

Trainingsanpassungen

Wie schon im Kapitel Ausdauer erläutert, kann eine gute Grundlagenausdauer die Effektivität des Krafttrainings verbessern, da Regeneration und Superkompensation beschleunigt und verstärkt werden.

4.2 Trainingsmethoden

Im Gegensatz zu den Ausdauertrainingsmethoden gibt es im Krafttraining keine Dauerbelastung. Alle Methoden des Krafttrainings arbeiten nach einem ähnlichen Prinzip wie die Intervallmethoden, d.h. auf Grund der relativ hohen Intensität muss die Belastung durch Pausen unterbrochen und mehrmals wiederholt werden, damit die Reizschwelle überschritten wird (siehe Gesetze und Prinzipien S. 11 f). Entscheidend für die spezifische Wirkung eines Krafttrainings ist die Belastungsintensität (siehe S. 11). Die unterschiedlichen Arbeitsweisen der Muskulatur und die erforderlichen Belastungsintensitäten haben gezeigt, dass im Bereich von Gesundheit und Fitness vor allem Trainingsmethoden mit positivdynamischer Arbeitsweise und möglichst geringer Belastungsintensität sinnvoll sind. Aus diesem Grund werden nur das Muskelaufbautraining zur Verbesserung der Maximalkraft und Methoden zum Training der Kraftausdauer besprochen. Für weitere Methoden des Krafttrainings muss auf die weiterführende Literatur verwiesen werden.

Muskelaufbautraining (MA)

Das Muskelaufbautraining ist die Haupttrainingsform eines allgemeinen Krafttrainings im Bereich von Gesundheit und Fitness. Auch die entsprechenden Trainingsprogramme in Fitness-Studios sind nach dieser Methode aufgebaut (siehe Tab. 17, S. 51).
Bei den Belastungskomponenten des Belastungsgefüges muss folgendes beachtet werden:

Belastungsintensität

Im Gesundheitsbereich sollte die Intensität bei etwa 40-60 % der Maximalkraft liegen. Wie aus Tabelle 16 (S. 43) ersichtlich ist, werden bei Belastungsintensitäten bis 50 % der Maximalkraft und bei langsamer Bewegungsausführung hauptsächlich ST-Fasern aktiviert. Möchte man auch die FT-Fasern ansprechen, dann kann man entweder die Intensität auf 30 % reduzieren und die Bewegungen schnellst möglich ausführen oder man bleibt bei der langsamen Bewegungsausführung und erhöht die Intensität deutlich über 60 %, so dass auch vermehrt FT-Fasern aktiviert werden. Sowohl die schnelle Bewegungsausführung als auch die höheren Intensitäten sind für Anfänger nicht geeignet (siehe S. 45).
Um das für die entsprechende Belastungsintensität erforderliche Gewicht festlegen zu können, muss man zunächst die Maximalkraft bestimmen. Beim Hantel- und Gerätetraining lässt sich die Maximalkraft dadurch ermitteln, dass man nach dem Aufwärmen und einigen Vortests versucht, soviel Gewicht aufzulegen, dass man gerade eine Wiederholung schafft. Entsprechend der in % vorgegebenen Belastungsintensität lässt sich dann das Trainingsgewicht errechnen. Dieses Verfahren ist aber auf Grund der Verletzungsgefahr für den Bewegungsapparat und der Risiken für das Herz-Kreislauf-System nur für gut trainierte und gesunde Personen und nicht für Anfänger geeignet.

Eine andere Möglichkeit, mit deutlich geringerem Risiko das Trainingsgewicht zu ermitteln, besteht darin, dass man mit einer gefühlsmäßig mittleren Gewichtsbelastung solange Wiederholungen durchführt, bis sich eine spürbare Ermüdung, jedoch keine Erschöpfung in der Muskulatur bemerkbar macht. Liegt die dabei erreichte Wiederholungszahl zwischen 6 und 12, dann war die Gewichtsvorgabe richtig. Bei geringerer oder höherer Wiederholungszahl sollte das Gewicht verringert bzw. erhöht werden.

In der Schule stehen in der Regel keine Krafttrainingsgeräte zur Verfügung und ein Krafttraining muss mit dem eigenen Körpergewicht oder den vorhandenen Sportgeräten durchgeführt werden. Über die Wiederholungszahl kann man aber auch hier das richtige Trainingsgewicht annäherungsweise abschätzen.

Bewegungsausführung

Die konzentrische Phase (Kontraktion) sollte langsam bis zügig (Aktivierung der ST-Fasern) und die exzentrische Phase immer langsam durchgeführt werden. Auf diese Art und Weise kann eine entsprechend lange und wirksame Anspannungszeit erreicht werden.
Um Muskelverkürzungen zu vermeiden und um eine Kraftzunahme über den ganzen Gelenkwinkelbereich zu erreichen, sollten die **Bewegungen möglichst über den ganzen Bewegungsradius ausgeführt** werden.

Belastungsdauer (Wiederholungen) und Pausen

Wie bei der Ermittlung der Belastungsintensität schon deutlich wurde, liegt die Belastungsdauer bei etwa 6 bis 12 Wiederholungen (= Reizserie), die ohne Unterbrechung durchgeführt werden. Damit die Phosphatspeicher danach wieder aufgefüllt werden können, benötigt die jeweils belastete Muskulatur eine Erholungspause von ca. 2 bis 4 min. Je besser die Grundlagenausdauer desto kürzer ist die Erholungszeit (siehe S. 25).

Umfang (Serien)

Um einen trainingswirksamen Reiz zu erreichen, muss eine Reizserie (6-12 Wiederholungen) mehrmals wiederholt werden. Je nach Intensität und Trainingszustand sollten etwa 4 bis 8 Serien durchgeführt werden. Nach der letzten Serie sollte in den betreffenden Muskeln ein leichtes Gefühl der Erschöpfung spürbar sein.

Trainingshäufigkeit

Beim Krafttraining ist die Erholungszeit bis zum Erreichen der Superkompensation länger als im Ausdauertraining, da der Aufbau der Muskelstrukturen nur langsam verläuft. Aus diesem Grund sollte zwischen den Trainingseinheiten eine Pause von 2 bis 3 Tagen liegen. Damit ergibt sich eine Trainingshäufigkeit von 2 bis 3 Trainingseinheiten pro Woche.

In Tabelle 17 sind die Belastungskomponenten eines Muskelaufbautrainings zusammenfassend dargestellt. Die Angaben sind Mittelwerte der in der Literatur z.T. deutlich voneinander abweichenden Angaben.

Schnellkrafttraining

Das Training der Schnellkraft ist nur dann sinnvoll, wenn die Maximalkraft genügend ausgeprägt ist (siehe S. 47). Sportliche Aktionen, bei denen die Schnellkraft eine entscheidende Rolle spielt, sind häufig durch eine reaktive Ar-

Kraft

beitsweise gekennzeichnet (z.B. Sprünge, Wurfbewegungen); die Kontraktionsgeschwindigkeit der Muskulatur sollte dabei möglichst hoch sein. Im Gegensatz zum Muskelaufbautraining ist beim Schnellkrafttraining die **Bewegungsausführung deshalb explosiv-schnell** und meist **reaktiv**. Um möglichst viele motorische Einheiten gleichzeitig zu aktivieren, muss die **Intensität nahezu bei 100%** liegen. Bedingt durch die maximal schnelle Bewegungsausführung genügen hierzu 50-60% der Maximalkraft (z.B. eigenes Körpergewicht, Sprünge). Dabei sind eine hohe Konzentration und eine gute Rumpfstabilisierung erforderlich und die Bewegungsgeschwindigkeit sollte sich während des Trainings möglichst nicht verringern. Im Vergleich zu einem Muskelaufbautraining müssen deshalb die Zahl der Wiederholungen und die Zahl der Serien reduziert werden (siehe Tab. 17). Die zur Wiederauffüllung der Phosphatspeicher benötigte Pause zwischen den Serien ist etwa gleich lang wie beim Muskelaufbautraining.

Kraftausdauertraining

Für das Training der Kraftausdauer muss das Belastungsgefüge des Muskelaufbautrainings nur insofern verändert werden, als man die Stoffwechselanforderungen an den Muskel durch eine höhere Wiederholungszahl pro Serie verstärkt und/oder die Pausen zwischen den Serien etwas verkürzt. Dazu muss natürlich die Belastungsintensität reduziert werden. In Tabelle 17 sind die Belastungskomponenten wie sie für ein allgemeines Kraftausdauertraining zutreffen zusammengefasst.

Ein sehr variables Trainingsmittel für das Training der Kraftausdauer ist das **Circuittraining**. Anstelle von Wiederholungen pro Serie arbeitet man hier mit Zeitvorgaben. Das hat den Vorteil, dass die Übenden an den einzelnen Stationen die ihrem Leistungsniveau entsprechende Wiederholungszahl selbst bestimmen können. Um die Reizschwelle zu überschreiten, muss jedoch darauf geachtet werden, dass eine Muskelgruppe pro Rundgang mehrmals belastet wird.

Circuittraining bringt ja echt viel!

Mit dem Circuittraining vergleichbare Belastungssituationen lassen sich auch in vielen Sportarten durch sportartspezifische Aktionen zusammenstellen (Basketballcircuit, Handballcircuit, Fußballcircuit usw.). Das hat den Vorteil, dass gleichzeitig auch die Technik mittrainiert wird (intermuskuläre Koordination). Kraftausdauertraining im Gesundheits- und Fitnessbereich hat den Vorteil, dass es eine schonende Methode ist und dass man gleichzeitig mehrere Ziele ansteuern kann: Zunahme des Muskelquerschnitts (Maximalkraft) und Verbesserung der Energiegewinnung (Kraftausdauer).

Kraft

	Maximalkrafttraining (Muskelaufbautraining)		Schnellkrafttraining		Kraftausdauertraining	
Charakterisierung	• geringe bis mittlere Intensität • hohe Wiederholungszahlen • konzentrisch, langsam-zügig		• sehr hohe Intensität • geringe Wiederholungszahlen • reaktiv, max. Geschwindigkeit		• sehr geringe bis mittlere Intensität • sehr hohe Wiederholungszahlen • zügig	
Belastungsgefüge	**Training an Stationen**					**Circuittraining**
	Gesundheit	Fitness		Fitness	Gesundheit	Fitness
Intensität (% der Maximalkraft)	40 - 60 %	60 - 80 %		95 - 100 %[1] (bei ca. 50 - 60% der Maximalkraft)	20 - 40 %	40 - 70 %	ca. 30 - 70% (abhängig von der Übung)
Wiederholungen	12 - 8	10 - 6		8 - 6	25 - 12	Belastungszeit 20 - 40 sec
Umfang/Serien	6 - 4	8 - 6		4 - 3	8 - 4	6 - 12 Stationen, 2 - 6 Rundgänge
Pause			zwischen den Serien 2 - 4 min			• zwischen d. Stationen: 20 - 80 sec • zwischen d. Rundgängen: 2 - 4 min
wesentliche Wirkung	Zunahme des Muskelquerschnitts		• Verbesserung der intra- und intermuskulären Koordination • Verbesserung der Kontraktionsgeschwindigkeit		• Verbesserung der Energiegewinnung (hpts- anaerob-laktazid) • Zunahme des Muskelquerschnitts	

[1] Die Intensität von 100% wird durch die reaktive Arbeitsweise und die maximale Bewegungsgeschwindigkeit erreicht.

Tab. 17: Ausgewählte Methoden des Krafttrainings im Überblick.

Kraft

5. Trainingsplanung und Tipps zum Krafttraining

Untrainierte sollten vor Beginn des eigentlichen Krafttrainings ein sogenanntes Anpassungs- oder Gewöhnungstraining durchführen. Hierbei sollte man über einen Zeitraum von 2-4 Wochen (1-2-mal Training pro Woche) mit Intensitäten unter 30% trainieren. Das Belastungsgefüge sollte wie folgt gestaltet werden:

- **Intensität:** unter 30%
- **Wiederholungen:** 15-20
- **Serien:** 3-1
- **Pausen zwischen den Serien:** 3-5 min

Mit einem solchen „Einstiegstraining" lässt sich Muskelkater und frühzeitiger Überbeanspruchung vorbeugen. Außerdem kann man die Trainingsgeräte gefahrlos kennen lernen und eine technisch korrekte Bewegungsausführung trainieren.

Die auf Seite 36 dargestellten Tipps zum Ausdauertraining gelten größtenteils auch für das Krafttraining. Im Folgenden sind noch einige weitere, besonders beim Krafttraining zu beachtende Hinweise zusammengestellt.

- Vor einem Krafttraining muss man sich sorgfältig aufwärmen, nach dem Krafttraining kann durch Lockerungs- und Dehnübungen die Regeneration beschleunigt und einer Verkürzung der Muskulatur vorgebeugt werden.

- Das subjektive Belastungsempfinden am Ende einer Serie sollte mittel bis schwer aber nicht sehr schwer sein (siehe Ausdauertraining S. 32).

- Die Übungen sollen ruhig und korrekt ausgeführt werden, in der konzentrischen Phase sollte man ausatmen und Pressatmung vermeiden.

- In einer Trainingseinheit sollten Agonisten und Antagonisten trainiert werden (muskuläres Gleichgewicht).

- Die Pausen zwischen den Serien sollten nicht nur nach der Zeit, sondern auch nach dem subjektiven Belastungsempfinden ausgerichtet werden.

- Um Zeit zu sparen, kann man Übungen im Wechsel so miteinander kombinieren, dass unterschiedliche Muskeln beansprucht werden (Prinzip des Circuittrainings).

VI. Bewegung, Gesundheit, Körpergewicht

1. Wieviel Bewegung ist erforderlich?

Die Weltgesundheitsorganisation (WHO) hat Gesundheit folgendermaßen definiert:

„Gesundheit ist ein Zustand des vollständigen körperlichen, geistigen und sozialen Wohlbefindens und nicht nur das Freisein von Krankheit und Gebrechen."

Messung gesundheitlicher Wirkungen

Die vielfältigen Wirkungen, die durch ein regelmäßiges Ausdauer- und Krafttraining erzielt werden (s. Tabelle 6 und 7 S. 9 f), können sicherlich einen großen Beitrag leisten, diese umfassende Gesundheit zu erreichen. Wieviel Bewegung zur Gesunderhaltung aber mindestens erforderlich ist, kann allerdings nur geklärt werden, wenn es Möglichkeiten gibt, diesen umfassenden Gesundheitszustand zu messen. Es sind ja nicht nur physische Faktoren wie z.B Ausdauer- und Kraftfähigkeiten, die hier eine Rolle spielen, sondern es geht auch um Gesundheit im psychischen und sozialen Bereich. Jede auch noch so geringe Verbesserung in einem dieser Bereiche, die durch körperliche Aktivität erzielt wird, kann von gesundheitlichem Nutzen sein, zumal zwischen allen drei Bereichen intensive Wechselwirkungen bestehen.

Da physische Faktoren leichter erfasst werden können, befassen sich wissenschaftliche Untersuchungen zur gesundheitlichen Wirkung von Bewegung vor allem mit physiologischen Aspekten. Eine Focussierung auf diesen Teilbereich ist zunächst durchaus gerechtfertigt, zumal köperliches Wohlbefinden eine grundlegende Bedeutung für die Gesundheit hat. Gesundheitlicher Nutzen beginnt schon bei jeder, wenn auch noch so geringen Verbesserung einer Organfunktion. Da solche Effekte im Einzelnen aber ebenfalls nur schwer nachweisbar sind, wird in wissenschaftlichen Studien häufig die Sterbe- oder Erkrankungsrate als Messgröße für eine gesundheitliche Wirkung von Bewegung verwendet. So haben Untersuchen gezeigt, dass z.B. das Risiko einer Herzerkrankung durch eine Stunde sportliche Aktivität pro Woche um ca. 15%, durch zwei Stunden sogar um etwa 40% gesenkt werden kann. Auch die in Tabelle 2 (S. 7) genannte deutlich höhere Todesrate durch Herzkreislauferkrankungen in den Industrieländern zeigt die positive Wirkung von Bewegung auf die Gesundheit. Die WHO schätzt, dass in Europa ca. 10 % aller Todesfälle direkt auf Bewegungsmangel zurückzuführen sind. Was bedeutet aber sportliche Aktivität über ein bis zwei Stunden in der Woche?

Quantifizierung sportlicher Aktivitäten

Die zur Verbesserung von Ausdauer- und Kraftfähigkeiten erforderlichen Trainingsbelastungen sind in Bezug auf Intensität, Dauer und Häufigkeit relativ eindeutig zu bestimmen und die Trainingswirkungen können bei regelmäßiger Belastung von jedermann überprüft werden. Die Frage wie häufig, wie lange und mit welcher Intensität man sich mindestens bewegen muss, um zumindest einen gesundheitlichen Nutzen zu haben, ist jedoch wesentlich schwieriger zu beantworten. Um die positive Wirkung von Bewegungsaktivitäten auf die Gesundheit nachweisen zu können, ist es erforderlich, zum einen die gesundheitlichen Wirkungen zu messen (s.o.) zum anderen aber müssen die im Vergleich zu sportlichem Training wesentlich vielfältigeren Bewegungsmöglichkeiten vergleichbar quantifiziert werden können. Hierzu lässt sich als Messgröße der zusätzliche Sauerstoffbedarf, der bei diesen Aktivitäten entsteht, nutzen. Da hierbei das Körpergewicht und weitere Faktoren eine entscheidende Rolle spie-

Bewegung, Gesundheit, Körpergewicht

len, bezieht man diesen zusätzlichen Sauerstoffbedarf auf den Bedarf in Ruhe pro kg Körpergewicht. Man bezeichnet diesen **Ruhebedarf auch als Metabolisches Äquivalent (= MET)**[12]. Umgerechnet auf Kilokalorien entspricht beim Mann ein MET etwa einem Energiebedarf von 1 kcal pro Stunde und kg Körpergewicht, bei der Frau etwa 0,9.

In der Wissenschaft gibt es bis heute zwar noch keine endgültige übereinstimmende Meinung darüber, mit welcher Intensität, Dauer und Häufigkeit Bewegungsaktivitäten ausgeführt werden müssen, damit ein **gesundheitlicher Effekt** erzielt wird, doch auf der Basis vieler Untersuchungsergebnisse geben die WHO und auch eine Reihe anderer Organisationen folgende Empfehlungen:

- Für eine gesundheitliche Wirkung muss die Intensität der körperlichen Aktivität **mindestens 3 - 6 MET** betragen („moderate" Intensität).

- Diese Bewegungsintensität sollte insgesamt **mindestens 30 Minuten** andauern. Dabei können kürzere Bewegungsaktivitäten über den Tag verteilt sein und addiert werden.

- Diese körperliche Aktivität sollte nach Möglichkeit **an fast allen Tagen der Woche** erreicht werden.

Abbildung 24 zeigt, dass beim Laufen, Radfahren und Schwimmen die erforderliche Mindestintensität von 3 MET immer erreicht wird, dass aber Gehen mit einer Geschwindigkeit unter 4 km/h keinen gesundheitlichen Nutzen mehr bringt. Vergleicht man die vier Fortbewegungsarten im Bereich von 10 MET, ergeben sich bei einer Belastungszeit von einer Stunde etwa gleichwertige gesundheitliche Wirkungen, wenn man bei entsprechender Geschwindigkeit entweder 2,5 km schwimmt, 9 km walkt, 10 km läuft oder 25,5 km Rad fährt. Umgerechnet auf eine 70 kg schwere Person entspricht dies einem Energieverbrauch von ca. 700 kcal.

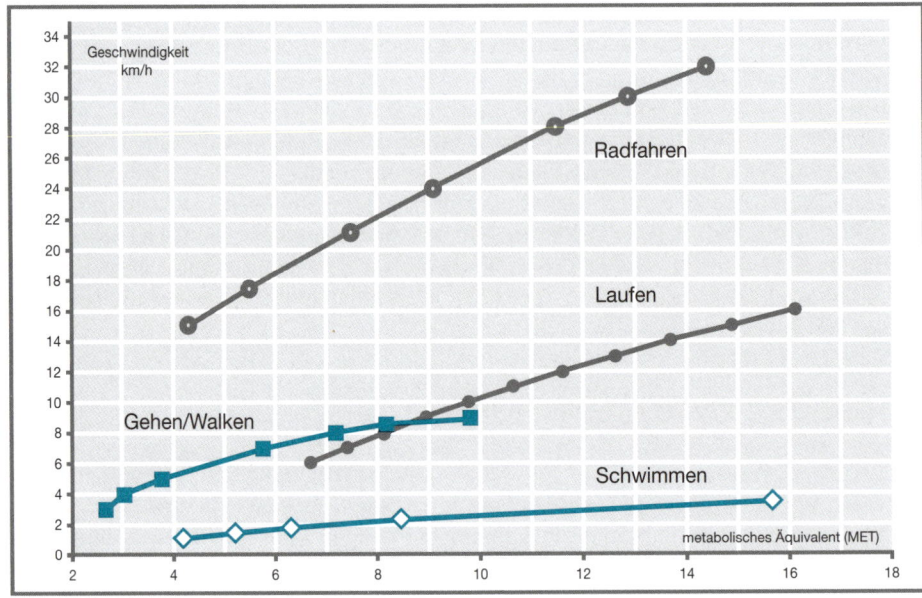

Abb. 24: Vergleich verschiedener Fortbewegungsarten in Bezug auf die Anforderungen an den Stoffwechsel. Die Daten sind aus unterschiedlichen Quellen zusammengestellt und gemittelt, die Werte können in Abhängigkeit von äußeren Rahmenbedingungen und technischen Voraussetzungen stark variieren.

Die Quantifizierung über das metabolische Äquivalent hat den Vorteil, dass sich die Gesamtdosis von Bewegungsaktivitäten im Laufe einer Woche relativ einfach durch Addition der einzelnen MET-Werte ausrechnen lässt. Nach den

---

[12] MET = Metabolisches Äquivalent: Energiebedarf in Ruhe; beim Mann entspricht 1 MET etwa einem Energiebedarf von 1 kcal pro Stunde und kg Körpergewicht (1kcal/h/kg Körpergewicht), bei der Frau etwa 0,9 kcal/h/kg Körpergewicht.

Bewegung, Gesundheit, Körpergewicht

Vorschlägen der WHO (s.o) ergibt sich bei einer mittleren moderaten Intensität an 6 Tagen in der Woche eine Gesamtaktivität von 4,5 MET über insgesamt 3 Stunden oder als Gesamtbelastungsdosis 13,5 „MET-Stunden". Mit den Werten in Tabelle 18 lässt sich ein individuelles gesundheitswirksames Bewegungsprogramm zusammenstellen. Die angegebenen MET-Werte können hierbei nur als Orientierungswerte dienen; äußere Rahmenbedingungen, technische Voraussetzungen, Trainingszustand, Alter, Motivation usw. können zu deutlichen Abweichungen führen.

Alltags-Aktivitäten	MET	Energieverbrauch kcal/h/70 kg	Sportliche Aktivitäten	MET	Energieverbrauch kcal/h/70 kg
Ruhig liegen	1,0	70	Inline-Skating (mittlere Intensität)	7,0	490
Lesen im Sitzen	1,3	91	Skifahren (mittlere Intensität)	6,0	420
Lesen im Stehen	1,8	126	Aerobic (high impact)	7,0	490
Büroarbeit im Sitzen	1,5	105	Krafttraining	6,9	486
Schreiben im Sitzen	1,6	153	Bergsteigen	8,2	576
In der Schule sitzen (Durchschnitt)	1,8	126	Basketball (Breitensport)	6,0	417
Treppensteigen aufwärts	15,3	1070	Fußball (Breitensport)	8,7	611
Treppensteigen abwärts	5,4	375	Handball (Breitensport)	10,2	712
Spazierengehen 3 km/h	2,7	189	Hallenvolleyball (Breitensport)	3,9	259
Spazierengehen 4 km/h	3,1	215	Beachvolleyball (Breitensport)	6,8	476
Putzen (Frühjahrsputz)	3,5	245	Hockey (Breitensport)	9,0	630
Rasen mähen (Elektromotor)	4,5	315	Badminton (Training)	4,5	315
Rasen mähen (Handmäher)	6,8	476	Tennis (Einzel)	7,3	512
Fließbandarbeit (Durchschnitt)	3,5	210	Tischtennis	3,9	270
Maurerarbeit	7,0	490	Golf spielen (mit Wagen ziehen)	3,7	258

Tab. 18: Metabolisches Äquivalent von Alltags- und Sportaktivitäten. Die Werte sind aus verschiedenen Quellen zusammengestellt und gemittelt; sie stellen auf Grund der großen Variabilität der Rahmenbedingungen nur Orientierungswerte dar. Die Angaben in kcal beziehen sich auf 70 kg Körpergewicht bei einer Belastung von einer Stunde.

Nach neueren Forschungsergebnissen ist eine gesundheitliche Wirkung auch dann noch gegeben, wenn die Belastungseinheiten kürzer als 30 Minuten sind. Das heißt, es können auch Alltagsaktivitäten dazu genutzt werden, um den erforderlichen Mindestenergieumsatz zu erreichen, vorausgesetzt sie liegen über 3 MET. Wie man der Tabelle 18 entnehmen kann, ist dies bei hauptsächlich sitzender Tätigkeit in der Regel nur durch Fortbewegungsaktivitäten erreichbar. Wer also, aus welchen Gründen auch immer, kein regelmäßiges Ausdauer- und/oder Krafttraining absolvieren kann aber auf jeden Fall für seine Gesunderhaltung etwas tun möchte, der sollte im Alltag unbedingt darauf achten, dass er möglichst viele Gelegenheiten zur Bewegung wahrnimmt: z.B. Treppen benutzen und Wege zu Fuß (flott) oder mit dem Fahrrad zurücklegen, sich also **bewegen, wo er kann**.

Drei Minuten Treppensteigen pro Tag (auf- und abwärts durchschnittlich 10,5 MET) bringen z.B. in der Summe an 7 Tagen (ca. 20 min) schon insgesamt ca. 3,5 „MET-Stunden". Dies ist etwa ein Viertel der in einer Woche für eine gesundheitliche Wirkung erforderlichen minimalen Bewegungsdosis. Hat man im Alltag aber keine längeren Wegstrecken, die man regelmäßig zurücklegen kann, dann ist es schwierig, allein durch Bewegungsaktivitäten im Alltag die erforderliche Bewegungsdosis zu erreichen. Insgesamt ist es deshalb wesentlich ökonomischer, sich gezielt für Bewegungsaktivitäten Zeit zu nehmen. Das in Tabelle 12 (S. 33) genannte Minimalprogramm von 3 mal 30 min Laufen pro Woche entspricht z.B. bei einer Laufgeschwindigkeit von 10 km/h einer Gesamtdosis von ca. 15 „MET-Stunden". Dieses Bewegungsprogramm hat aber nicht nur **gesundheitliche Wirkung, sondern es verbessert auch gleichzeitig die Fitness**.

Bewegung, Gesundheit, Körpergewicht

2. Bewegung und Körpergewicht

In Deutschland und auch anderen Industrienationen haben nur noch etwa 40% der Erwachsenen ein wünschenswertes Körpergewicht, 60% sind übergewichtig und gesundheitlich gefährdet. Bei Kindern und Jugendlichen hat sich die Häufigkeit von Übergewicht in den letzten 20 Jahren fast verdoppelt und die Werte liegen heute zwischen 20 und 30%. Schätzungen zu Folge verursacht Übergewicht schon mindestens halb so viele Todesfälle wie Rauchen; reduzieren stark Übergewichtige ihr Körpergewicht um 10 kg, dann sinkt die Todesrate um ca. 20%. Die durch Übergewicht entstehenden Krankheitskosten werden in Deutschland auf ca. 70 Milliarden Euro pro Jahr geschätzt. Es gibt also viele Gründe, gegen Übergewicht etwas zu tun. In der Vergangenheit wurden eine Vielzahl von Programmen und Diäten entwickelt, die versucht haben, durch Änderungen des Ernährungsverhaltens und durch eine geringere Nährstoffaufnahme, das Körpergewicht zu reduzieren.

Wie Abbildung 25 zeigt, scheint dieser Ansatz gerechtfertigt, zumal seit etwa 1950 die Energieaufnahme den Energieverbrauch übertrifft und diese Differenz bis heute immer größer geworden ist. Manche Experten empfehlen vor diesem Hintergrund eine drastische Reduktion der Nährstoffaufnahme um ca. 25% (ca. 800 kcal/Tag). Während sich aber die Energieaufnahme in den letzten Jahren nur noch wenig erhöht hat, ist der Energieverbrauch durch mangelnde Bewegung weiterhin deutlich gesunken und man vermutet, dass dies die Hauptursache für die starke Zunahme von Übergewicht sein könnte.

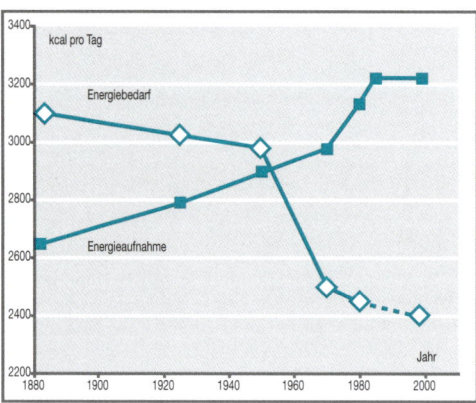

Abb. 25: Energieaufnahme und Verbrauch (Quellen: Deutsche Gesellschaft für Ernährung und EU 2002)

Erst in neuerer Zeit wird darauf hingewiesen, dass zur Reduktion des Körpergewichts vor allem auch eine Erhöhung des Energiebedarfs (-verbrauchs) erforderlich ist. Man weiß inzwischen, dass es auch bei nicht krankheitsbedingtem Übergewicht äußerst schwierig ist, allein durch Reduktion der Nahrungsaufnahme, das Körpergewicht auf Dauer zu verringern. Ursachen liegen in bisher noch nicht in allen Einzelheiten bekannten genetisch festgelegten Regulationsvorgängen des Körpers, die sich über einen Zeitraum von mehreren Millionen Jahren entwickelt haben. Diese Zeit war i.G. zu heute geprägt durch Nahrungsknappheit und hohen körperlichen Energieverbrauch zur Nahrungsbeschaffung (s. Abb. 25) und die Regulationsvorgänge mussten so angelegt sein, dass der Körper bei einem Überangebot an Nahrung schnell und effektiv Vorratsspeicher anlegen konnte (Fettspeicher).

Ein weiteres Problem bei dem Versuch, das Körpergewicht allein über die Energieaufnahme zu verringern ist die Tatsache, dass eine stark reduzierte Nahrungsaufnahme, Bewegungsmangel und auch Fernsehen eine Verringerung des Energieverbrauchs in Ruhe (bis 30%) bewirken und damit die Wirkung einer geringeren Nährstoffzufuhr verkleinern. **Man isst zwar weniger, verbraucht aber leider auch weniger Kalorien**. Dadurch kann auch die Leistungsfähigkeit nachlassen und man fühlt sich insgesamt träge und müde.

Auf der anderen Seite ist eine Reduzierung des Körpergewichts **allein durch körperliche Aktivität** nur für sportlich aktive Menschen möglich. Bei einem Körpergewicht von 80 kg müsste man, um den durchschnittlichen Überschuss

Bewegung, Gesundheit, Körpergewicht

der Energieaufnahme von 800 kcal pro Tag auszugleichen (s. Abb. 25), rein rechnerisch (in Wirklichkeit etwas weniger s.u.) täglich eine Stunde mit einer Geschwindigkeit von 10 km/h laufen. Erst darüber hinausgehende körperliche Aktivitäten brächten eine negative Energiebilanz und damit eine Gewichtsabnahme. Wer also sein Körpergewicht auf Dauer reduzieren möchte, der sollte **sowohl die Nährstoffaufnahme reduzieren als auch den Energieverbrauch durch Bewegung erhöhen** (negative Energiebilanz). Dieses Zusammenwirken sollen zwei Beispiele verdeutlichen:

- Eine Tafel Milchschokolade (100 g) oder die gleiche Menge Erdnüsse aus der Dose haben einen physiologischen Brennwert von ca. 550 kcal. Um diese zusätzliche Energiezufuhr wieder zu verbrauchen, muss man bei 70 kg Körpergewicht etwa 45 min mit einer Geschwindigkeit von 10 km/h joggen (bei 60 kg, 55 min).

- Um ein Kilogramm (vorwiegend Fett) abzunehmen, muss man bei gleich bleibender Nahrungsaufnahme ca. 7700 kcal zusätzlich verbrauchen. Das bedeutet bei einem Körpergewicht von 70 kg insgesamt 11 Stunden mit etwa 10 km/h zu laufen; bei einem Trainingsprogramm von 3 x 30 min pro Woche kann man diese Gewichtsreduzierung in etwa 7,5 Wochen erreichen (pro Woche ca. 130 g).

In Ausdauersportarten kann die Belastung bei Intensitäten unter der anaeroben Schwelle über längere Zeiträume aufrecht erhalten werden. **Ausdauersportler** können deshalb ihren Energieverbrauch relativ einfach durch eine Verlängerung der Belastungszeit erhöhen und so zusammen mit einer eingeschränkten Energieaufnahme **das Körpergewicht gut kontrollieren**.

Aber auch **regelmäßiges Krafttraining** kann den Energieverbrauch spürbar erhöhen. Weniger gut Trainierte und Menschen, die aus gesundheitlichen und/oder motivationalen Gründen keine Ausdauerbelastungen auf sich nehmen, können auch mit moderatem Krafttraining eine spürbare Wirkung erzielen. Wie aus Tabelle 18 zu ersehen ist, beträgt der Energieverbrauch beim Krafttraining ca. 486 kcal/h (Körpergewicht 70 kg). Bei moderaten Intensitäten (ca. 50% K_{max}) liegt der Energieverbrauch bei ca. 350 kcal/h. Dies bedeutet, dass man damit bei einem Training von 3x 1h pro Woche in etwa 7,5 Wochen ebenfalls 1 kg abnehmen kann. Allerdings ist der Zeitaufwand doppelt so hoch wie beim Laufen (s. o.). Erhöht sich durch das Training gleichzeitig die Muskelmasse um 1 kg, dann scheint das Training zunächst umsonst gewesen zu sein. Da aber 1 kg Muskelmasse den täglichen Ruheumsatz um etwa 50 kcal pro Tag erhöht, werden nach dieser Trainingseinheit ohne weitere körperliche Aktivität pro Woche 350 kcal zusätzlich verbraucht; dies entspricht 30 min laufen (70 kg Körpergewicht, 10 km/h). 4 kg Muskelgewinn entsprechen schon einem täglichen Dauerlauf von 17 min, allerdings ohne Trainingswirkung auf das Herz-Kreislauf-System.

Vor allem bei körperlichen Belastungen, die höher als 5-6 MET betragen, bleibt der Energiestoffwechsel nach Ende der Belastung noch einige Zeit deutlich erhöht (Nachbelastungsstoffwechsel), dadurch wird zusätzlich weitere Energie verbraucht (maximal 10%). Da sich durch solche Belastungen langfristig aber auch der Energieverbrauch in Ruhe (Ruhestoffwechsel) dauerhaft erhöht, bringen körperliche Aktivitäten mit mindestens mittlerer Intensität auch für bewegungsfreie Zeiten einen Gewinn. Insgesamt führen der erhöhte Energieverbrauch durch Bewegung und eine entsprechende Ernährung[13] zu einer Aktivierung und neuen stabilen Balance der Stoffwechselprozesse.

Wie obige Beispiele zeigen, haben sportlich aktive Menschen gute Möglichkeiten, bei gleichzeitiger Kontrolle der Nahrungsaufnahme ihr Körpergewicht zu regulieren und dabei einen großen gesundheitlichen Gewinn zu erzielen.

Informieren Sie sich über den aktuellen Wissensstand zu einer gesunden Ernährung.

[13] Informationen zur Ernährung können im Rahmen dieser Handreichung leider nicht gegeben werden.

Bewegung, Gesundheit, Körpergewicht

3. Bewegung und Fettabbau

Fettgewebe ist nach heutigem Wissen weit mehr als nur ein unerwünschter Energiespeicher. Es handelt sich um ein sehr stoffwechselaktives Gewebe, das nicht nur für die Steuerung von Hunger und Sättigung sondern auch für hormonelle und immunologische Prozesse wichtig ist. Im Gegensatz zu Kohlenhydraten sind Fette notwendige (essentielle) Bestandteile unserer Nahrung. Ein Körperfettgehalt von ca. 17-22% bei Männern und ca. 22-30% bei Frauen wird als gesundheitlich normal angesehen. Ein Maß für ein gesundes Körpergewicht mit entsprechendem Körperfettanteil ist der so genannte BMI-Wert.[14] Er liegt bei normalgewichtigen Erwachsenen zwischen 18,5 und 24,9 (WHO 2004); die Werte sind allerdings stark abhängig von Alter und Geschlecht. Sinkt der Köperfettanteil unter die Hälfte des Normalwertes (Erwachsene: BMI-Wert < 18), dann hat dies gesundheitliche Folgen. Die negativen Wirkungen von zu hohem Körperfettanteil (Übergewicht, Erwachsene: BMI > 25) wurden in schon in Kapitel VI/2 dargelegt.

> Informieren Sie sich über den aktuellen Wissensstand zur Abhängigkeit der BMI-Werte von Alter und Geschlecht.

Bei der Reduktion des Körpergewichts denkt man natürlich zu allererst an den Abbau von Fettpolstern. Hierzu werden in den unterschiedlichsten Medien auch immer wieder angeblich besonders wirksame Bewegungsprogramme und Diäten zum Abbau von Fetten empfohlen („Fatburner-Programme). Möchte man den Körperfettanteil gezielt reduzieren, sollte man Folgendes beachten:

- Wie beim Körpergewicht gilt auch für den Abbau von Fettpolstern, dass eine Reduktion letztendlich nur durch eine negative Energiebilanz möglich ist (siehe Körpergewicht).

- Eine negative Energiebilanz führt vor allem dann zu einem effektiven Abbau von Körperfett, wenn bei der Ernährung der Fettanteil 25 bis 30% nicht übersteigt. Dies ist deshalb so wichtig, weil unser Körper zuviel aufgenommenes Fett nicht umwandeln oder ausscheiden, sondern nur als Körperfett ablagern kann.

- Um die Wirkung einer körperlichen Belastung in Bezug auf den Abbau von Fetten beurteilen zu können, muss man den relativen und absoluten Anteil der Fette an der Energiebereitstellung beachten.

Wie im Kapitel Bewegung und Körpergewicht deutlich wurde, ist eine Gewichtsabnahme nur möglich, wenn der Energieverbrauch die Energieaufnahme übersteigt. Diese negative Energiebilanz kann der Körper nur ausgleichen, indem er auf vorhandene Energiedepots zurückgreift, Glykogen- und Fettspeicher (s. S. 18 ff). Je nach Belastungsintensität werden diese Speicher zwar unterschiedlich genutzt, doch beim Wiederauffüllen der Speicher versucht der Körper immer zuerst die Glykogenspeicher zu füllen. Reicht die Nährstoffzufuhr hierfür nicht aus, dann versucht der Körper zum einen die Speicher über den Abbau von Proteinen zu füllen (Gluconeogenese) und zum anderen durch einen verstärkten Abbau von Fetten den Energiebedarf zu decken. Dies führt langfristig zu einer Verbesserung der Energiegewinnung aus Fetten und somit auch zum Abbau des Körperfetts (immer unter der Bedingung einer negativen Energiebilanz). Dieser Effekt kann verstärkt werden, wenn man sowohl vor als auch nach dem Training (innerhalb von 2 Stunden) keine energiereiche (kohlenhydratreiche) Nahrung zu sich nimmt.

Wie in Kapitel IV/2 dargestellt wurde, ist der relative Anteil der Fette an der gesamten Energiebereitstellung abhängig von der Belastungsintensität. Je niedriger die Belastungsintensität, desto mehr könnten die Fettsäuren an der Energiegewinnung beteiligt werden (geringe Energieflussrate). Da bei der Energie-

---

[14] BMI = Body Mass Index (Körpergewicht in kg / (Körpergröße in m)2 ; Beispiel: Körpergröße 1,81 m, Gewicht 74 kg, BMI= 74 kg: (1,81 m)2 = 22,6 kg/m2

Bewegung, Gesundheit, Körpergewicht

gewinnung aus Fetten für die gleiche Energiemenge aber im Vergleich zu Kohlehydraten mehr Sauerstoff gebraucht wird, ist nicht nur die Intensität, sondern auch das Sauerstoffangebot entscheidend. Aus diesem Grund ist der relativ höchste Anteil der Fettverbrennung nicht in Ruhe, sondern bei einer Belastungsintensität, die etwa an der aeroben Schwelle liegt. Der Anteil ist stark abhängig vom Trainingszustand, von der Füllung der Glykogenspeicher, von der Belastungsdauer, genetischen Faktoren (Muskelfaserstruktur) und der Ernährung; kohlenhydratarme Kost kann den Anteil erhöhen. Je besser trainiert, je weniger die Glykogenspeicher gefüllt sind und je länger die Belastung dauert, um so höher liegt der relative Anteil der Energiegewinnung aus Fetten. Aus o.g. Gründen können nur grobe Orientierungswerte für den relativen Anteil der Fettverbrennung gegeben werden:

- aerobe Schwelle: Energiegewinnung aus Fetten etwa 50%.
- anaerobe Schwelle: Energiegewinnung aus Fetten etwa 30%.

Diese Werte gelten für mäßig Ausdauertrainierte und eine Belastungszeit von ca. einer Stunde. Bei Belastungsintensitäten, die über der anaeroben Schwelle liegen, wird die Energiegewinnung aus Fetten zunehmend reduziert und geht gegen Null. So genannte „Fatburnerprogramme" suggerieren nun, dass man, um möglichst viel Fett zu verbrennen, eine Belastungsintensität einhalten muss, bei welcher der relative Anteil der Fettverbrennung am höchsten ist, also Intensitäten an oder leicht unter der aeroben Schwelle. Dass dabei aber nicht unbedingt die größt mögliche Menge (absolut) Fett verbrannt wird, soll an folgendem Beispiel deutlich werden:

- Bei einer Laufgeschwindigkeit von 7,5 km/h (aerobe Schwelle) verbraucht ein Mann von 80 kg Körpergewicht in 30 min ca. 312 kcal; davon kommen 50%, 156 kcal, aus der Fettverbrennung (ca. 17 g Fett).

- Bei einer Laufgeschwindigkeit von 13 km/h (anaerobe Schwelle) verbraucht dieser Mann in 30 min ca. 508 kcal; davon kommen 30%, 153 kcal, aus der Fettverbrennung (ca. 16,5 g Fett).

Absolut wird während der 30-min-Belastung also etwa die gleiche Menge Fett verbraucht. Da aber der Nachbelastungsstoffwechsel nach einer intensiven Belastung wesentlich höher liegt und bei der höheren Laufgeschwindigkeit in der gleichen Zeit auch wesentlich mehr Energie verbraucht wird, ist der absolute Fettverbrauch im zweiten Beispiel insgesamt deutlich höher. Allerdings muss dabei darauf geachtet werden, dass innerhalb von zwei Stunden nach Belastung keine Kohlenhydrate aufgenommen werden.

Wie beim Körpergewicht ist also auch für die Reduzierung des Körperfettanteils der Energieverbrauch entscheidend. Aus diesem Grund kann auch Krafttraining eine wirkungsvolle Maßnahme sein (s. Körpergewicht). Belastungsintensitäten im Bereich der relativ höchsten Fettverbrennung (aerobe Schwelle, „Fatburnerprogramme") sind zunächst nur dafür geeignet, den Fettstoffwechsel zu verbessern; dabei müssen die Belastungszeiten relativ lang sein (über 90 min). Langfristig kann dadurch aber der Anteil der Fette an der Gesamtenergiebereitstellung sowohl in Ruhe als auch bei moderaten Belastungen erhöht und somit die Reduzierung des Körperfettanteils unterstützt werden. Insgesamt gelten also für eine Reduzierung des Körperfettanteils die gleichen Regeln wie für die Reduzierung des Körpergewichts. Da sich Bewegungsaktivitäten primär an den körperlichen Voraussetzungen orientieren müssen, ist es für manche nur über einen langen Zeitraum möglich, den Körperfettanteil deutlich zu verringern.

LITERATURHINWEISE

Bauersfeld, Schröter: Grundlagen der Leichtathletik. Sportverlag Berlin 1986.
Blödorn: Lehrbeilage, Leichtathletik-Magazin. DLV Nr. 28/82.
Blum, Friedmann: Trainingslehre. LEU Stuttgart 1988.
Boeck-Behrens, Buskies: Gesundheitsorientiertes Fitnesstraining Bd. 1-3. Wehdemeier & Pusch 1995
Bös: WIE FIT SIND SIE? Copress Sport 2004
Bührle: Maximalkraft, Schnellkraft, Reaktivkraft. Sportwissenschaft 19, 1989.
Christmann, Fago (DVV Hg.): Volleyballhandbuch. Reinbek 1987.
Ehlenz, Grosser, Zimmermann: Krafttraining. blv 2003.
Findeisen, Linke, Pickenhain: Grundlagen der Sportmedizin für Studenten, Sportlehrer und Trainer. Leipzig 1980.
Frey: Sport, Theorie in der gymnasialen Oberstufe Bd. 1. Hofmann 1982.
Friedmann: Dehnen, muskuläre Dysbalancen und „unfunktionelle" Übungen im Schulsport. sportunterricht (Lehrhilfen), Hofmann 2002 (9).
Friedmann: Trainingslehre, Sporttheorie für die Schule. promos 2008.
Geiger: Gesundheitstraining. blv 1999
Grosser, Brüggemann, Zintl: Leistungssteuerung. blv 1986.
Grosser, Ehlenz, Griebel, Zimmermann: richtig Muskeltraining. blv 1999.
Grosser, Starischka, Zimmermann: Das neue Konditionstraining. blv 2004.
Haag (Dassel Hg.): Fitnesstests. Hofmann 1981.
Harre: Trainingslehre. Sportverlag Berlin 2003.
Hollmann, Hettinger: Sportmedizin, Arbeits- und Trainingsgrundlagen. Schattauer 2000.
Hottenrott: Ausdauertraining. Wehdemeier & Pusch 2000.
Jonath: Lexikon Trainingslehre. Reinbek 1988.
Jonath: Circuittraining. Reinbek 1985.
Kindermann et al.: Anaerobe Energiebereitstellung im Hochleistungssport Bd. 13. Hofmann 1977.
Keul: Muskelstoffwechsel, wiss. Schriftenreihe des DSB Bd. 9. J. A. Barth 1969.
Kloos: Trainingsbiologie in der Schule. Cornelsen 1995.
Koch: Sportkunde. Hofmann 1984.
Komi: Kraft und Schnellkraft im Sport. Deutscher Ärzte-Verlag 1994
Lemme, Weddig: Schriftenreihe zur Praxis der Leibeserziehung und des Sports, Bd. 176, 1983 u. Bd. 186, 1986.
Letzelter: Trainingsgrundlagen. Reinbek 1978.
Letzelter, Letzelter: Krafttraining. Reinbek 1986.
Marees, de: Sportphysiologie. Sport & Buch Strauß 2003.
Marees, de, Mester: Sportphysiologie Bd. I bis III. Diesterweg/Sauerländer 1990 - 1991.
Markworth: Sportmedizin 1, Physiologische Grundlagen. Reinbek 2006.
Mühlfriedel: Trainingslehre. Diesterweg/Sauerländer 1994.
Neumann, Hottenrott: Das große Buch vom Laufen. Meyer & Meyer Verlag 2005.
Weicker: 5. Sportmedizinisches Seminar des Württembergischen Landessportbundes e.V. (Hg.), 1981.
Weineck: Optimales Training. perimed 2004.
Zintl: Ausdauertraining. blv 2004.

Die oben aufgeführte Literatur behandelt z.T. sehr spezielle Themen der Trainingslehre und ist eher für den wissenschaftlich interessierten Leser geeignet. Einige Titel wie Boeck-Behrens/Buskies 1995, Friedmann 2008, Geiger 1999, Grosser 2004 oder Weineck 2004 geben aber einen guten Überblick über die einzelnen Themenbereiche. Aktuelle Informationen sind auch im Internet zu finden; Adresse: **www.sportunterricht.de**.

REGISTER

Adenosintriphosphat (ATP) 18f
aerobe Ausdauer 22ff, 34f, 46
aerob-anaerober Übergangsbereich 27
aerobe Energiegewinnung 19ff, 26, 45
aerobe Kapazität 23, 46
aerobe Schwelle 20ff, 27f, 30, 59
Agonist 40, 44, 52
Aktin 39, 44
allgemeine aerobe Ausdauer 23ff, 35
allgemeine anaerobe Ausdauer 25
allgemeine Gesetzmäßigkeiten 7, 11ff
anaerob-alaktazid 19, 26
anaerob-laktazid 19, 20ff, 26, 45ff, 51
anaerobe Energiegewinnung 19, 26
anaerobe Schwelle 21f, 30, 59
Anpassungen
- Herz-Kreislauf-System 22
- Muskelzelle 28
Antagonist 40, 44, 52
Arbeitsweisen der Muskulatur 41f, 48
Arthrose 38
Atem-Schritt-Rhythmus 31
Atmung 15, 17, 20, 23ff, 31, 36, 47, 52
ATP-Bildungsgeschwindigkeit 18
Ausdauer 5ff, 9, 11, 14ff, 23ff, 28f, 34ff, 48, 53, 55
Ausdauerfähigkeiten 6, 23, 25, 28
- allgemeine aerobe Ausdauer 23ff, 35
- Grundlagenausdauer 19, 25f, 48f
- Kurzzeitausdauer 26
- Langzeitausdauer 26
- Mittelzeitausdauer 26
Ausdauertraining 9, 11f, 14, 16, 22, 24ff, 29, 32, 34, 36, 49, 52
- Dauermethoden 27, 29, 36
- Intervallmethoden 27f, 36, 48
- Tipps 36, 52
autonom geschützte Reserven 14

Bandscheibenvorfall 38
Belastung und Erholung 12f
Belastungsgefühl 31f
Belastungsintensität 22ff, 29f, 32ff, 37, 46ff, 58f
Belastungskomponenten 11, 14, 27, 48, 50
Bewegungsenthaltsamkeit 8
Bewegungsmangel 7f, 53, 56
Bewegungsmangelerscheinungen 9
Bindegewebsschwäche 38
BMI-Wert 58

Circuittraining 11, 24, 28f, 33f, 50ff
Coopertest 34ff

Dauermethoden 27, 29, 36
degenerative Erkrankungen 38

Energiegewinnung 17ff, 43, 45ff, 50f, 58f
Energieverbrauch 36, 39, 55ff
Energieaufnahme 56f
Erholung 9, 12, 13, 23, 24, 25, 27, 28, 33
- unvollständige 28
Erholungspuls 25, 36
extensive Intervallmethode 28f, 36
exzentrisch 41f, 49
exzentrisch-konzentrisch 41

Faserverteilung 43
Fette 18, 20, 22, 27, 58f
Fettabbau 58
Fitness 6f, 9, 16, 23, 25ff, 29f, 32f, 36, 38, 42ff, 51, 55
FT-Fasern 42f, 45, 47f

Gelenke 38, 40
Gesetzmäßigkeiten 7, 10ff, 26, 47
Gesundheit 9, 16, 23, 25ff, 29f, 32f, 35, 42ff, 51, 53
Gewöhnungstraining 52
Gewicht (Krafttraining) 46, 48, 58
Gewichtsreduzierung 57
Gleittheorie 39
Glucose 17, 19f
Glykogen 19f, 47, 58f
„Gute Figur" 39

Hämoglobin 9
Haltungsschäden 10
Haltungsfehler 8, 10
Herzfrequenz 11, 21ff, 28ff, 36
Herz-Kreislauf-Erkrankungen 7, 9
Herz-Kreislauf-System 7f, 17, 20ff, 28, 33, 47ff
Homöostase 12, 32, 38

Immunsystem 9f, 24
Inline-Skaten 33,
intermuskuläre Koordination 40, 44, 50
intramuskuläre Koordination 40f, 44

Kapillarisierung 22, 27ff, 33
Knochen 7, 10, 38
Körperfettanteil 58f
Körperformung 26, 47
Körpergewicht 9f, 18f, 26f, 39, 44, 49f, 53ff
Körperhaltung 38, 43, 46
Kondition 5
Kontraktion, Muskel 18, 22f, 39f, 40, 42f, 45, 49f
konzentrisch 41f, 49, 51f
Koordination 5f, 10, 40f, 44ff, 50ff
Kraft 37ff

61

REGISTER

- Kraftausdauer 46f
- Maximalkraft 44f
- Schnellkraft 45f

Krafttraining 46ff
- Kraftausdauertraining 50ff
- Maximalkrafttraining 51
- Muskelaufbautraining 47ff
- Planung 52
- Tipps 52
- Trainingsmittel 50
- Trainingswirkungen 42, 47, 53

Kreatinphosphat 19
Kurzzeitausdauer 26

Laktat 18f, 21f, 26, 35
Laktatspiegel 19, 21ff
Langzeitausdauer 26
Laufen 7, 16f, 19, 27, 30f, 33f, 36, 54f, 57
leistungsbestimmende Bereiche 5
leistungsbestimmende Faktoren 17, 44
- Ausdauer 17f
- Kraft 46f

Leistungsniveau 11ff, 32, 35, 50

Maximalkraft 7, 11, 14, 44f
Maximalkrafttraining 51
Metabolische Äquivalent (MET) 54
Milchsäure (Laktat) 17, 19f, 22f, 42, 46
Mitochondrien 19, 22, 28
Mittelzeitausdauer 26
Mobilisationsschwelle 14
Mol (Molekülmasse) 21
motorische Einheit 40f, 44f, 50
Muskelaufbau 48
Muskelaufbautraining 47f, 50f
Muskelfaser 39ff
Muskelfasertypen 42
- FT-Fasern 42f, 46f
- ST-Fasern 42f, 48f

Muskelkontraktion 39
Muskelspannung 41
Muskuläres Gleichgewicht 52
Myoglobin 42

Nasenatmung 31
Nordic-Walking 16, 33, 34

Osteoporose 10, 38

Pause 11, 13, 23f, 27ff, 33, 48ff
physiologisches Gesetz 11
physische Leistungsfaktoren 15
Phosphate 18f
Prävention 26
Prinzipien (s. Trainingsprinzipien) 11ff
Puffersystem (Pufferkapazität) 17

Pulsmessung 31
Pulsfrequenz (Herzfrequenz) 28, 31, 36

Qualitätsgesetz 11, 39

Radfahren 16f, 20, 27, 33f, 38, 45, 54
Rehabilitation 10, 30, 40
Reizschwellengesetz 14
relative Kraft 44
Rudern 33, 38, 45
Ruhepuls 9, 23ff, 30, 36f
Rumpfmuskulatur 38, 46

Sarkomer 39
Sauerstoffaufnahme 9
Sauerstoffschuld 26
Schlagvolumen 9, 22f
schnelle Muskelfasern 43
Schnellkraft 38, 43ff, 49ff
Schwimmen 16f, 20, 27, 31, 33f, 36, 38, 45, 54
Skelettmuskulatur 6, 15, 25, 39, 42
Skilanglauf 16f, 20, 27, 33f, 43
sportliche Leistung 5ff, 9, 16, 23, 45
statische Arbeitsweise 42,
Steady-State 22f
ST-Fasern 42f, 48f
Superkompensation 12ff, 48f
Synergist 40, 44

Training
- Ausdauer 26ff
- Kraft 46ff

Trainierbarkeit 14
Trainingshäufigkeit 32
Trainingsmethoden
- Ausdauer 27
- Kraft 48ff

Trainingsmittel
- Ausdauer 28, 30, 33f
- Kraft 50

Trainingsprinzipien 11, 32
Trainingswirkung
- Ausdauer 22f, 26f, 33f
- Kraft 42, 47, 53

Trainingsziele 26, 37, 46, 50

Übergewicht 8f, 39, 56, 58
Überprüfung der Ausdauer 34
Untergewicht 39

Verletzungsgefahr 38, 43, 49

Walking 34
Wirbelsäulenerkrankungen 37

Zügiges Gehen (Walking) 34

NOTIZEN

NOTIZEN